小さな矢印の群れ

「ミース・モデル」を超えて

小嶋一浩

TOTO
建築叢書

装幀　中島英樹

はじめに

大学で建築を学び始めてから、ずっと「空気」について考えてきました。ある場所に建築を設計して建てることで、「空気」が変わる、と考えてみます。例えば、気持ちの良い公園の中に美術館かアートギャラリーがあって、その両方は透明なガラスで仕切られてはいるが、視覚的にはつながっているとします。外も穏やかで、室内にも空調はいらないような季節。それでも美術館、あるいはギャラリーの空気と外の公園の空気は微妙に、あるいは全然違います。この、空気の違いを生み出すのが建築なのではないかと考えてきました。

「空気」は「雰囲気」と言い換えても良さそうですが、ちょっと違うかなとも思っています。「誰かの発言で会議の空気が変わった」といった場合の「空気」は、「空間」とは違って、その場所にいる人が肌身で感じ取っているものです。会議室の空間は、「空気」に比べて変わらないモノとしてあるように思われます。一方で、その会議室に窓があってそれを開けて風を入れると、これも「空気」が変わるといえるでしょう。「空間」は、デカルト座標的な視点で考えれば、シームレスに世界中に広がっています。でも、それも絶対不変のものではなく、例えば「天気図」に示されるように、いつもその状態は変動し続けています。建築を設計するという行為は、このシームレスな「空間」にさざ波を立てるようなものではないでしょうか？　さざ波は、建築によっても生じますが、単に広場に人が集まるといったことでも発生します。人が集まって生まれる波のほうが強そうです。そう考えれば、建築も出来事のひとつだし、それ以上のものではない、あるいはそれ以上にならないほうがいいといえるかもしれません。

こんなことを考え始めると、キリがない。でも、気になる以上、プロとして建築を設計するようになっても、ほったらかしておくわけにもいきません。日々図面を描き、模型を作って設計しているのは、コンクリートや鉄やガラスという物質で出来た建築であるにも関わらず、です。そんな、ある意味悶々とした状態に「出口があるかもしれない」、と思わせてくれたのは、まだ生まれたての、風の解析〈CFD：Computer Fluid Dynamics Analysis〉の技術でした。風を、大きな矢印ではなく、無数の小さな矢印の群れとして表記します。この「小さな矢印の群れ」（以下〈小さな矢印〉と表記）という見方で捉えれば、いろいろな現象は、全部同じように扱えそうです。人のアクティビティもそうだし、モノとだけ考えていた物質の中の力の流れだって同じです。空間の中に設けられる建築というモノの作用で「空気」が変わる。そんな手掛りが〈Fluid Direction〉という思考を通して、私の中では、現在まで続いています。

建築は、ざっくりくくって言ってしまえば、今は、人工的な環境を獲得する技術に成り果てています。〈小さな矢印〉的思考は、もう一度、空調のような技術に慣らされてすっかり柔になってしまった私たちの身体と意識を、どうやって、人工的な環境から自然の中に投げ返せるか、ということにつながっていくかもしれません。断るまでもありませんが、私は、この本を通してエコ建築の話をしたいわけではありません。

建築は、モノであると、誰もがそう思っていないでしょうか？コンクリートや鉄や木やガラス、プラスチックや布、それが何とすぐに言えないような工業的な材料までもが組み合わさって建設されるのが建築です。一応、他の身近にあるモノたちより長持ちすることになっています（日本ではかなり怪しいですが）。図面に描くのも模型で作るのも、このモノ（物質）のほうですが、でも、モノそのものは、建築の最終目標ではありません。

では、建築＝空間、なのでしょうか？

建築は、活動のための空間を獲得することを目的に、モノを使って構築されている、と言えば、もっともらしく聞こえます。

でも、今や機能と空間のスペックの追求が自己目的化しているのではないかと思われるほどに暴走してしまい、建築は、資本や人間の欲望によって、がんじがらめになってしまっているのではないでしょうか。

〈小さな矢印〉が自在に流れる場を、建築を通して獲得したい。そうすれば、ひょっとしたら、冒頭に述べた、内側と外側の空気も実はひとつながりに扱えるのかもしれない。

書き下ろしの単行本というのは初めての機会です。この本では、そうした「空気」と建築にまつわることを描き出せたらと思います。

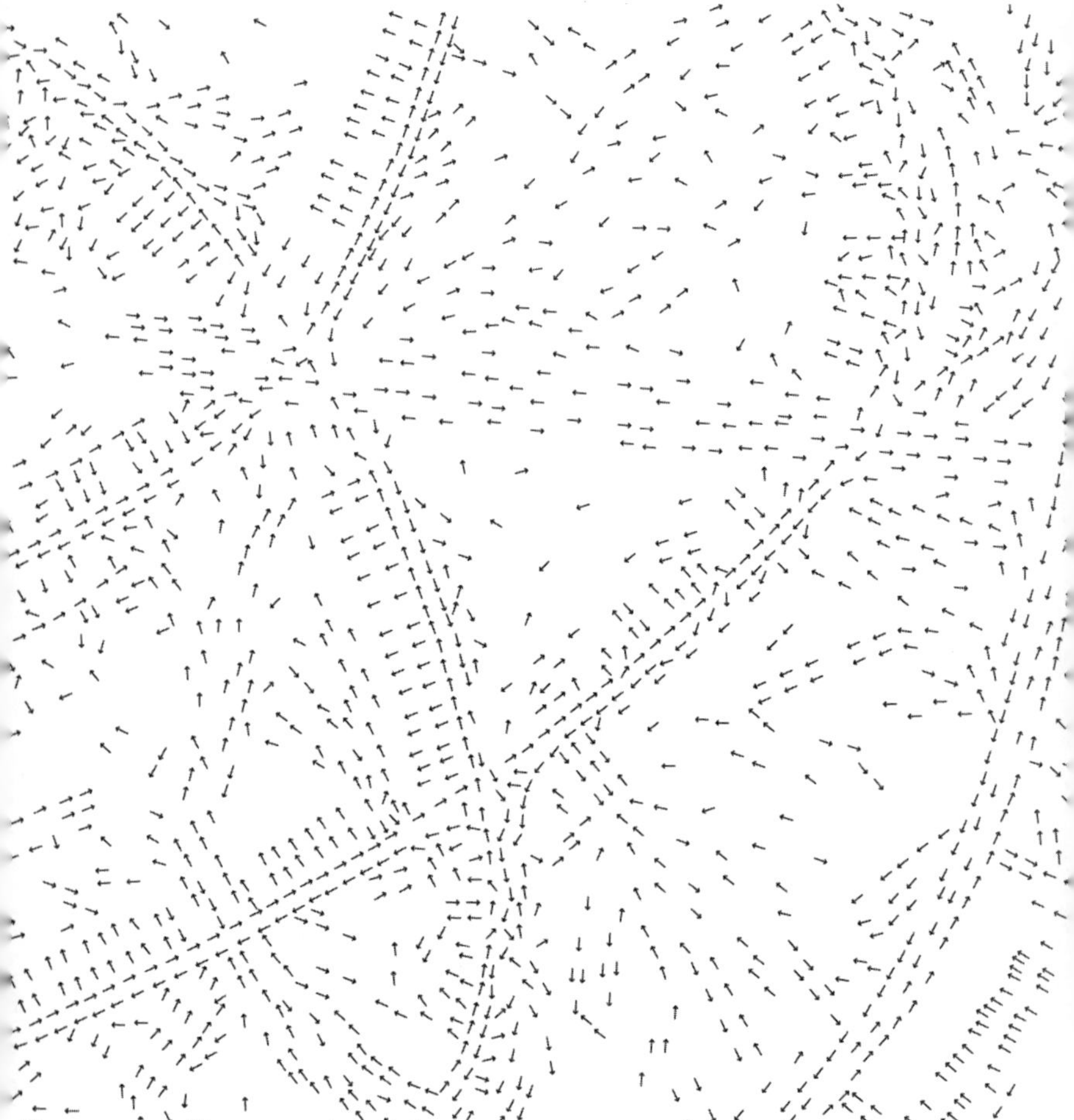

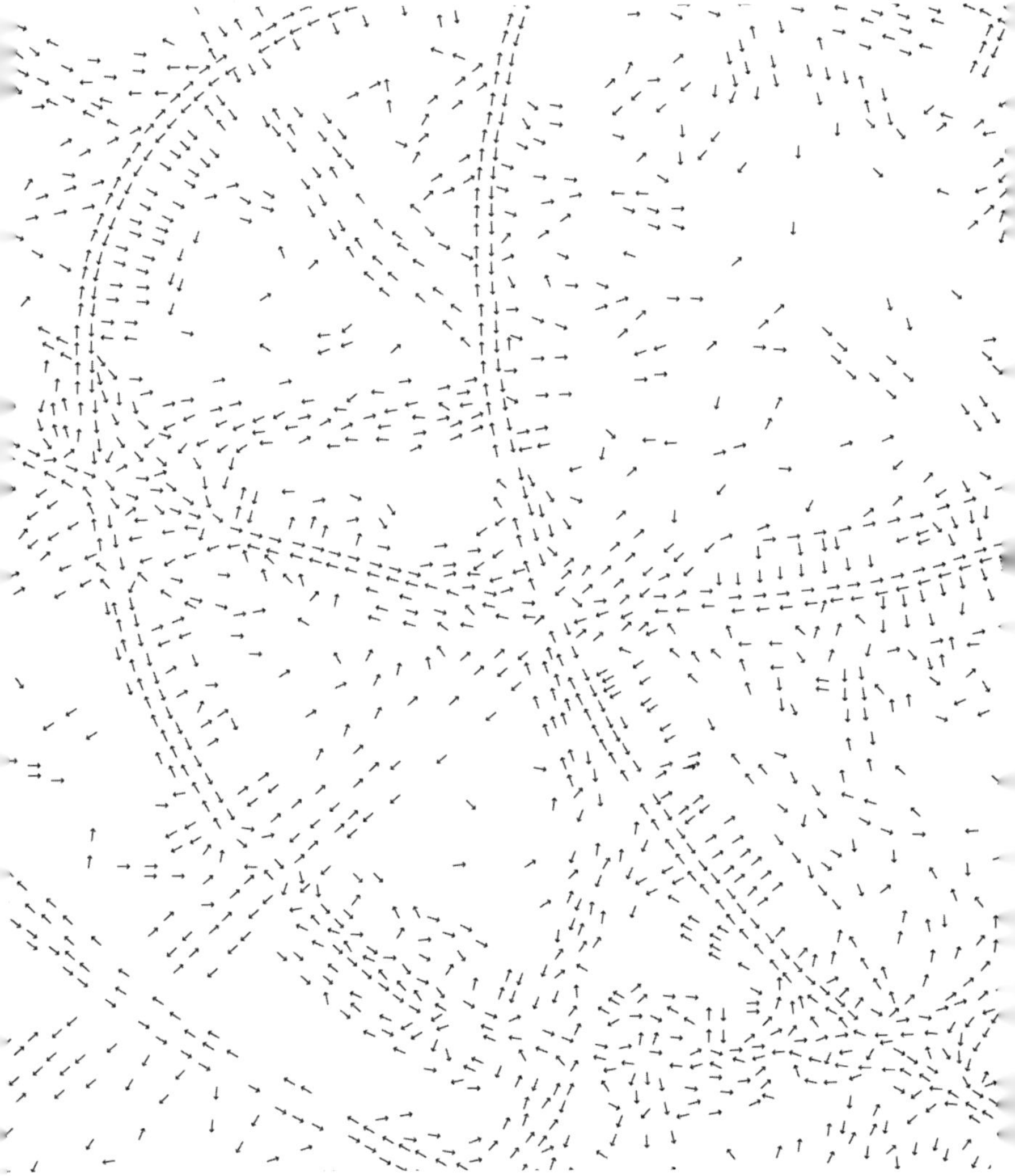

小さな矢印の群れ　Ho Chi Minh City University of Architecture のアクティビティ

目次

第１章　〈小さな矢印〉が自在に動く場所を、建築を通してどう生み出せるのか？

アクティビティ・シミュレーション

「千葉市立打瀬《うたせ》小学校」（1995年、図1－1〜3）を設計していた時、300人くらいの人を点で表記してコンピューター上で同時に動かすシミュレーションのモデルをつくりました（図1－4）。シミュレーションといっても、当時の技術ではプログラムやアルゴリズムでできることには限界がありました。おまけに、確認したいのは火事の際の避難のように目的的に動く300人ではない。空間の中のさまざまな切っ掛けに応じて、個人個人が各々の自発的な意思で同時多発的に動く状況でノーテーション（表示）してみたかった。人は、空間的な設えにも応答するが、仲の良い友だちとか先生とかに、もっと臨機応変に応答しています。これをモデル化するのは今でも難しい。実際、10年以上経ってから「プロジェクトMURAYAMA」（2003年〜、図1－5）で8万人を人工生命プログラムで動かすというシミュレーション（図1－6）をやってみましたが、それでも「打瀬」のようなことはとても無理でした。「打瀬」は結局、隠しレイヤーとしてのプランの上で、ひとりずつをマウスで入力するしかありませんでした。表記としては300の点の群が動いているのですが、その点ひとりずつに名前があるくらいに思いを込めないと全体が人間の動きに見えません。その時には、設計した学校が、単に普通とは違う複雑なかたちをしているということではなく、その「かたち」が、今までとは異なるアクティビティを呼び起こすということを確

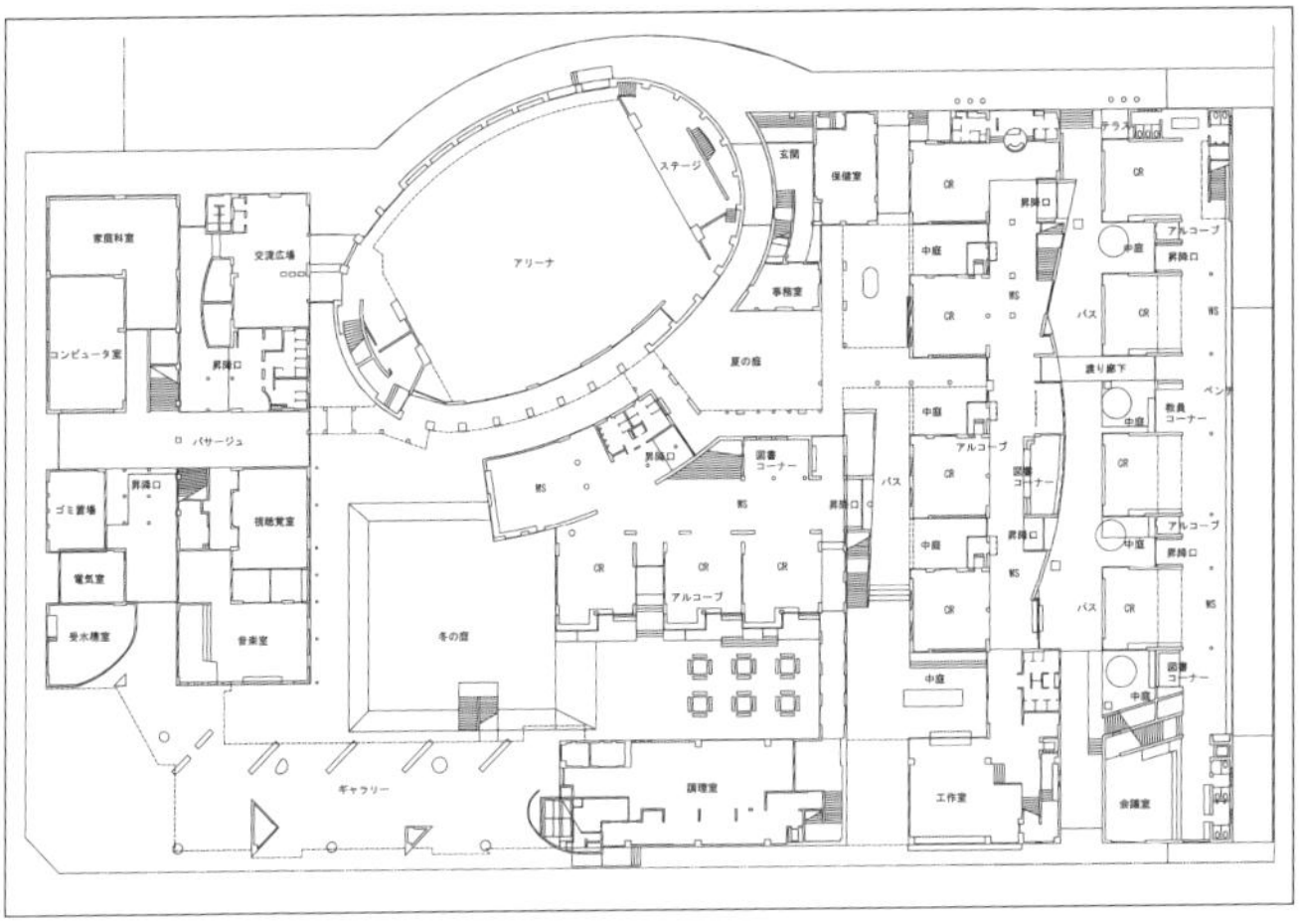

図1-1 打瀬小学校 1階平面図

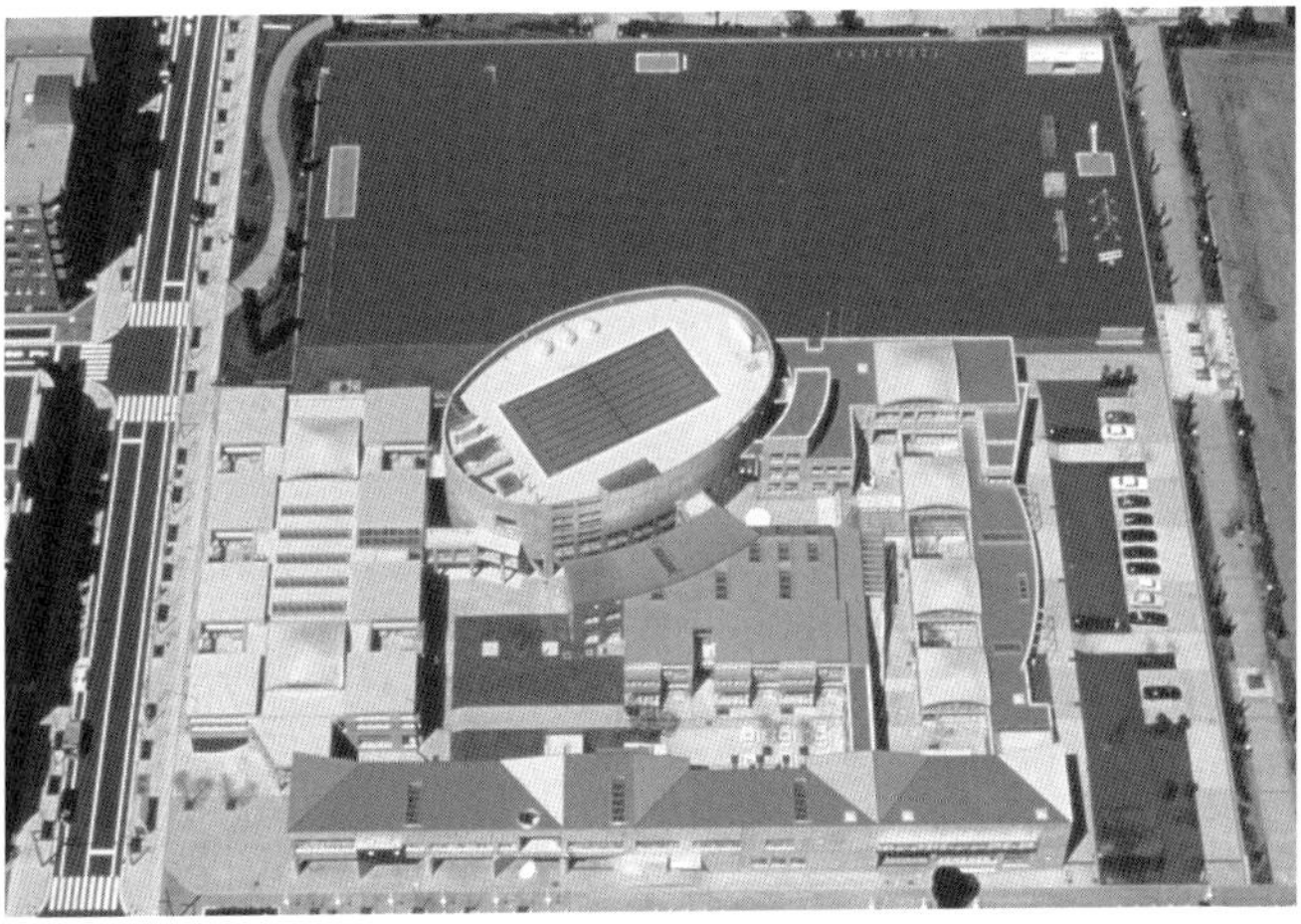

図1-2 打瀬小学校 航空写真

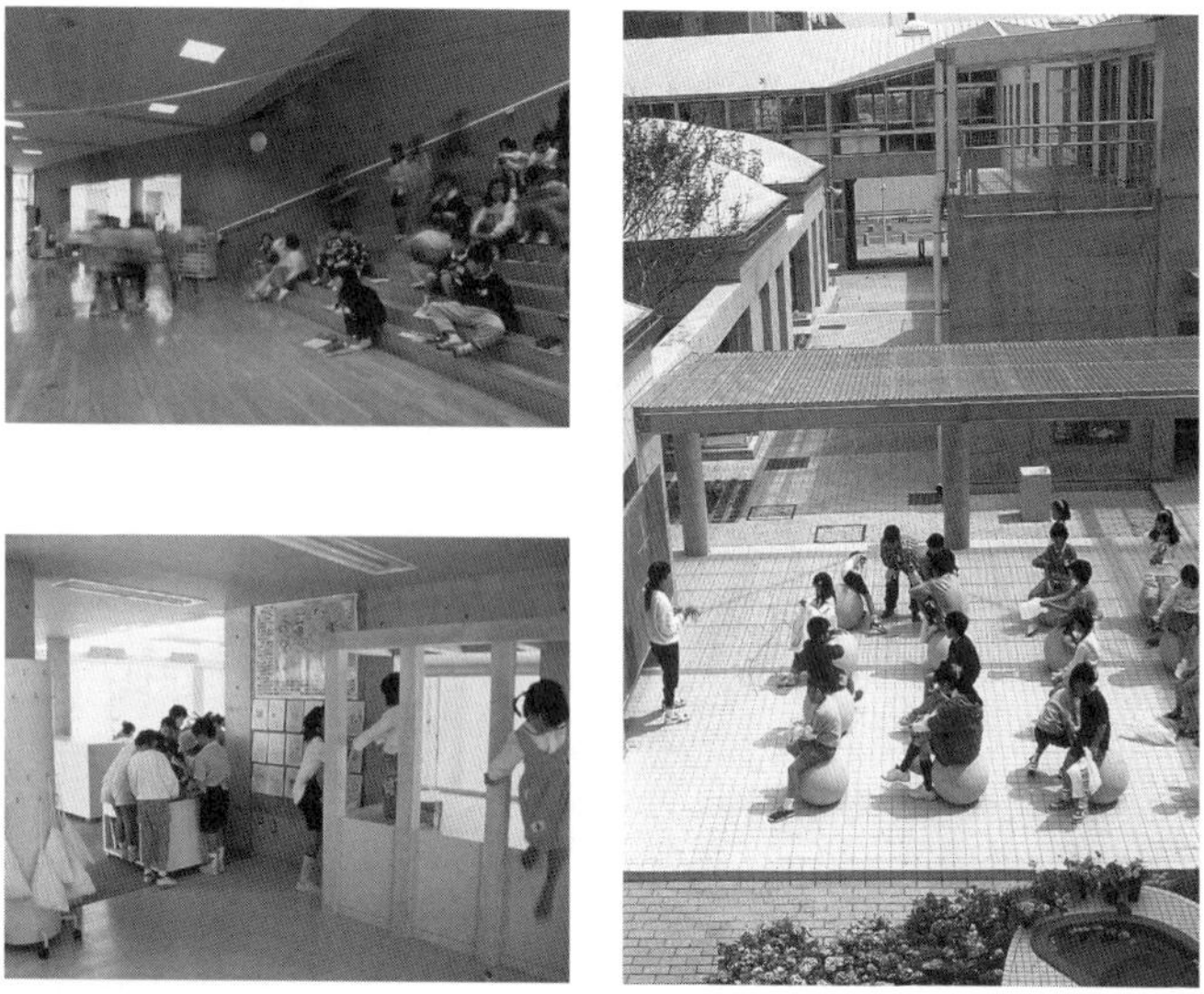

図1-3 打瀬小学校 内外のアクティビティ

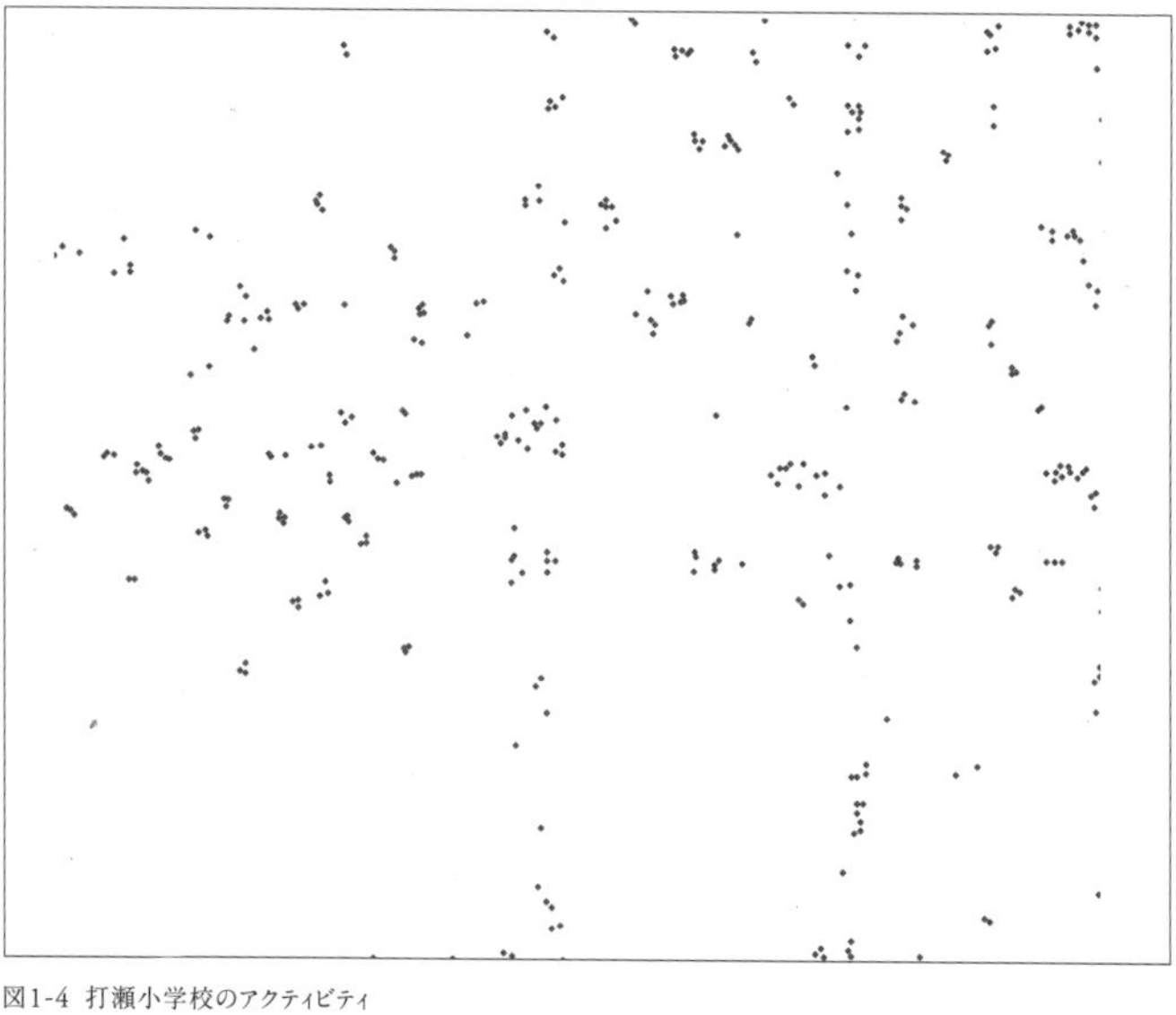

図1-4 打瀬小学校のアクティビティ

図1-5 プロジェクト MURAYAMA スケッチ

図1-6 プロジェクト MURAYAMA ８万人が集うアクティビティシミュレーション

認し、伝えたくてやっていたのですが、多くの点の一瞬後の位置を〈小さな矢印〉として表記すれば、ここで扱う〈矢印の群れ〉に他ならないことにあとになって気付くことになります。

風を解析する体験

「スペースブロック・ハノイモデル」（2003年）の3次元的に複雑な中庭のかたち（図1-7〜8）は、風とプライバシーで決定されています。少し丁寧に言うと、このハノイの旧市街の町屋（ショップハウス）の建て替えのためのモデルを模索するプロジェクトでは、集合住宅化した町屋の中庭越しのプライバシーを確保しながら、1000人／haの高密度居住をできるだけエアコンに依存しないで（ということは自然の通風をできるだけ生かして）どう実現できるかというターゲットが設定されていました。たまたま旧市街から選んだ敷地の中に、6戸の住宅を、各々接地階から最上階まで内部でつながるかたちで配して、〈スペースブロック〉という空間積み木の積み方を変えたり、開口部の位置を調整したりして、その都度CFD解析にかける。それを何度も繰り返すうちに漸近線的に風環境（ここでは空気齢）が改善されていく。パラメーターは「プライバシー」と「風通し」で、いったんアルゴリズムを組むと設計者でさえかたちの決定からリリースされるというプロセスです。CFD解析自体が、未だ萌芽的なテクノロジーであったこの時は、そうやって

図1-7 スペースブロック・ハノイモデル 立体的な中庭と外観

図1-8 スペースブロック・ハノイモデル 立体的な中庭と内観

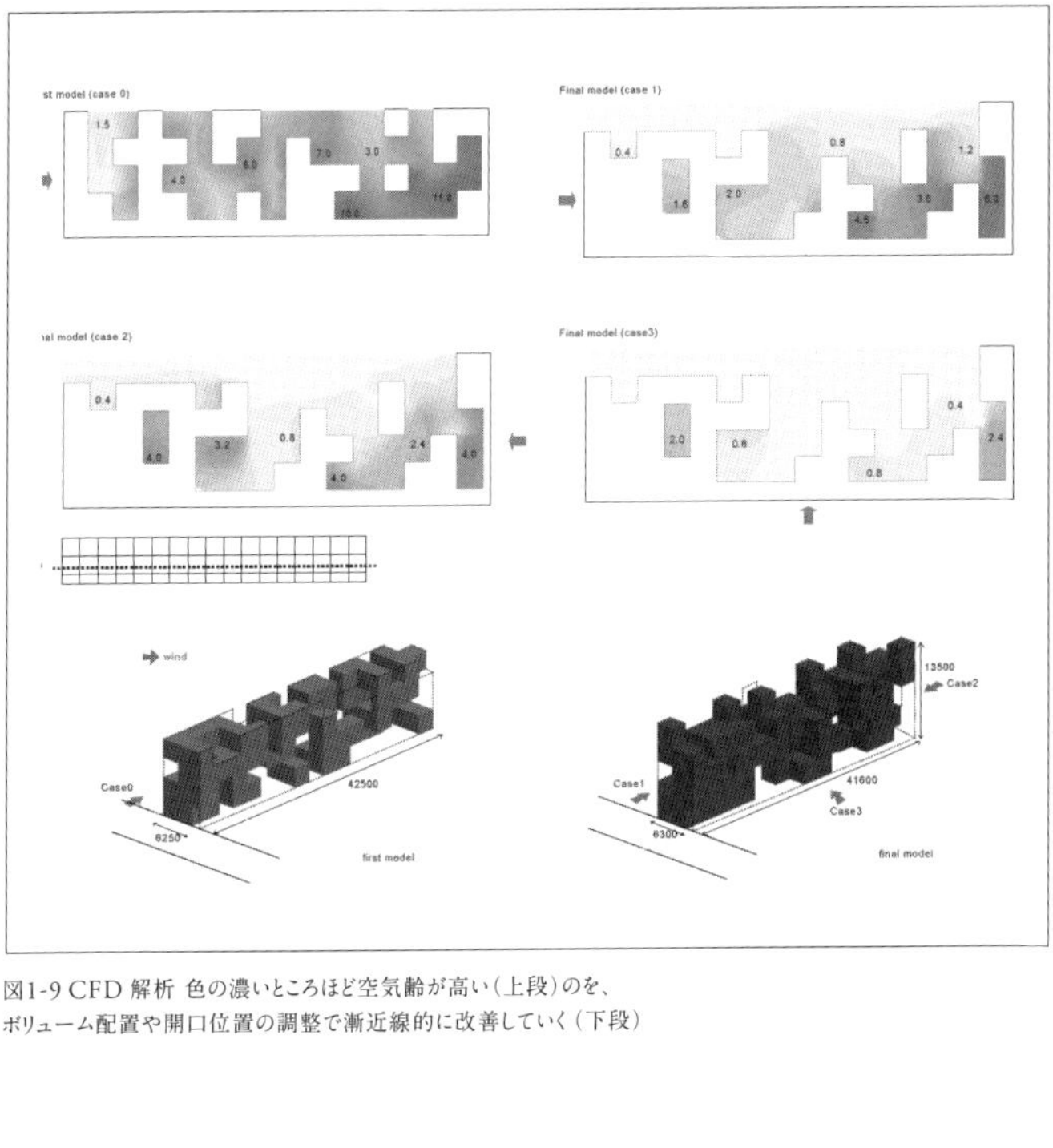

図1-9 CFD 解析 色の濃いところほど空気齢が高い(上段)のを、
ボリューム配置や開口位置の調整で漸近線的に改善していく(下段)

設計し、実現した建築の中でシミュレーションと実際の風の計測数値を突き合わせることも研究の目的でした（図1-9）。果たして、実現した空間は、単に外にいるよりも風を体感できる、優れて快適なものになりました。旧市街の町屋の細長い平面の奥の方の風通しの悪さを実感している地元の人たちも驚きましたが、およそ模型からは風通しがよく見えないこの建築で、こんなにシミュレーションと実物が符合するということには私たち設計者も本当に驚いた。6月のハノイで、冷えたビールではなく赤ワインでオープニングの乾杯をしていても快適だったことが、こうしたシミュレーションを信じてみようと思う発端となりました。

〈小さな矢印〉を体感する

ＣＦＤ解析を延々やっているうちに、模型に手をかざして、マイナス（負圧）のポイントに向かうように十指を動かしていけばおおよその解析結果を予測できるようになりました。解析は1回やるのにもそれなりの手間と労力が必要です。設計を自動でやってくれるわけではないので、設計案を入力してはシミュレーション結果を見てまた修正するということの繰り返しです。だから、当然のこととしてコンピューターにかける前に当たりを付けたいわけです。指による予測には、相当な習練が必要なことは言うまでもありません。そんな中で、模型や実物の建築を流れる風が〈小さな矢印〉として見えるように思える瞬間があるのです。初めて、「空気」の質をデジタルに捉えることができるのでは、と思えたのはこの時でした。

風が、〈小さな矢印〉であることは分かった。さて、ほかにも応用が効くものかどうか?〈小さな矢印〉は、どのようなものから生み出されるのか?まずは、自然界において流れている現象のすべて。風はもちろん、水・光・音・熱といった五感で感じられるものは、同じイメージで捉えられそうだ、と予感できます。

「打瀬」でやったシミュレーションのような、人びとの行為の集積としてのアクティビティや、それが生み出す都市そのものもまた〈小さな矢印〉で表記できるでしょう。

「はじめに」で述べたように、構造物の部材の中を流れる力といったものも〈小さな矢印〉で表記できます。ラーメン構造のように単純化(モデル化)することで解析を容易にするのが〈大きな矢印〉的方法なら、今は、計画案に単純化を強いることなくどんどん精緻な解析が可能になってきています。伊東豊雄さんと佐々木睦朗さんによる「瞑想の森　市営斎場」(2006年、図1-10)の曲面屋根の面内を流れる力のノーテーション(表記)の図(図1-11)は、アクティビティや風の流れを示す〈小さな矢印〉と一見区別がつきません。

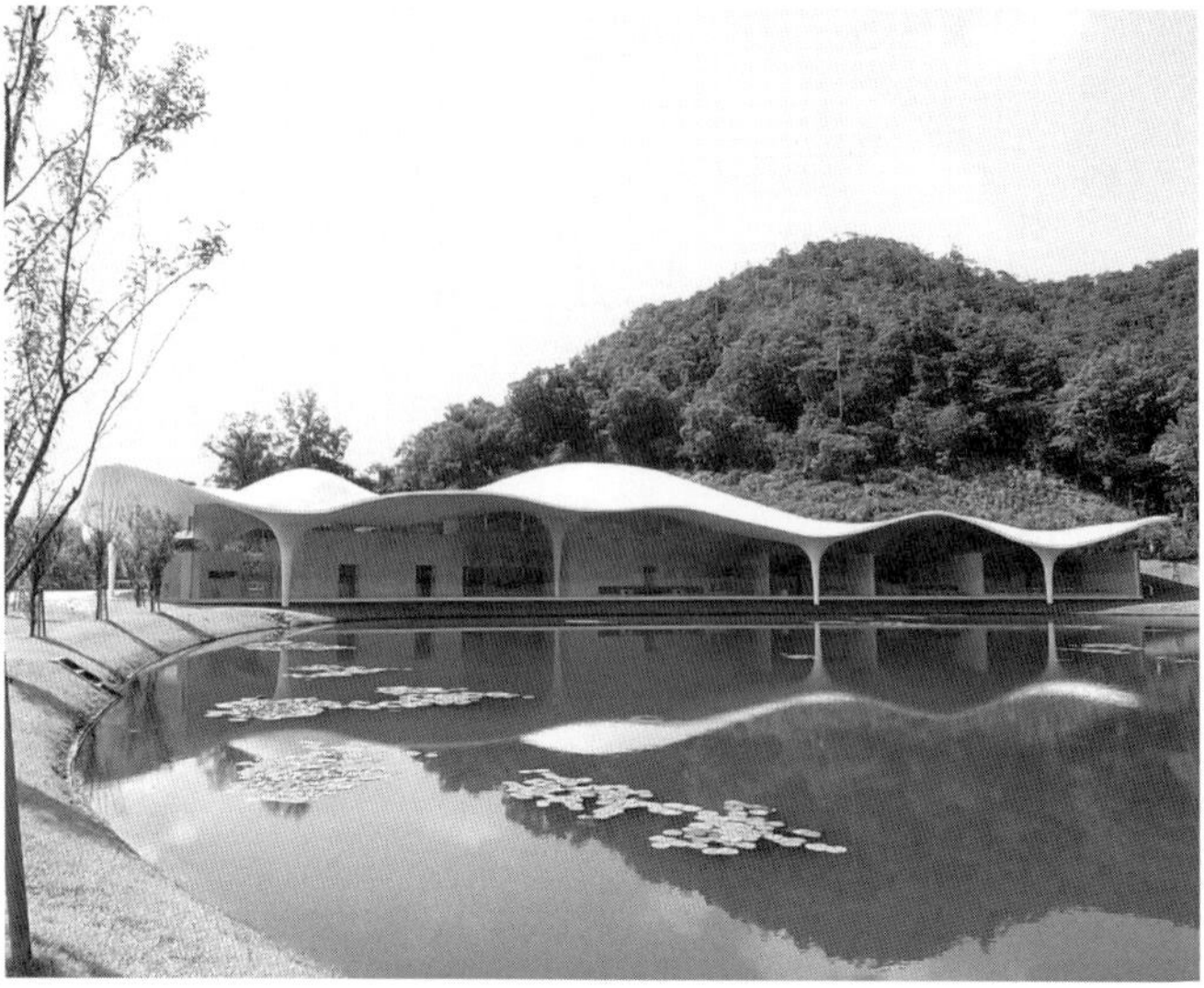

図1-10 瞑想の森 市営斎場

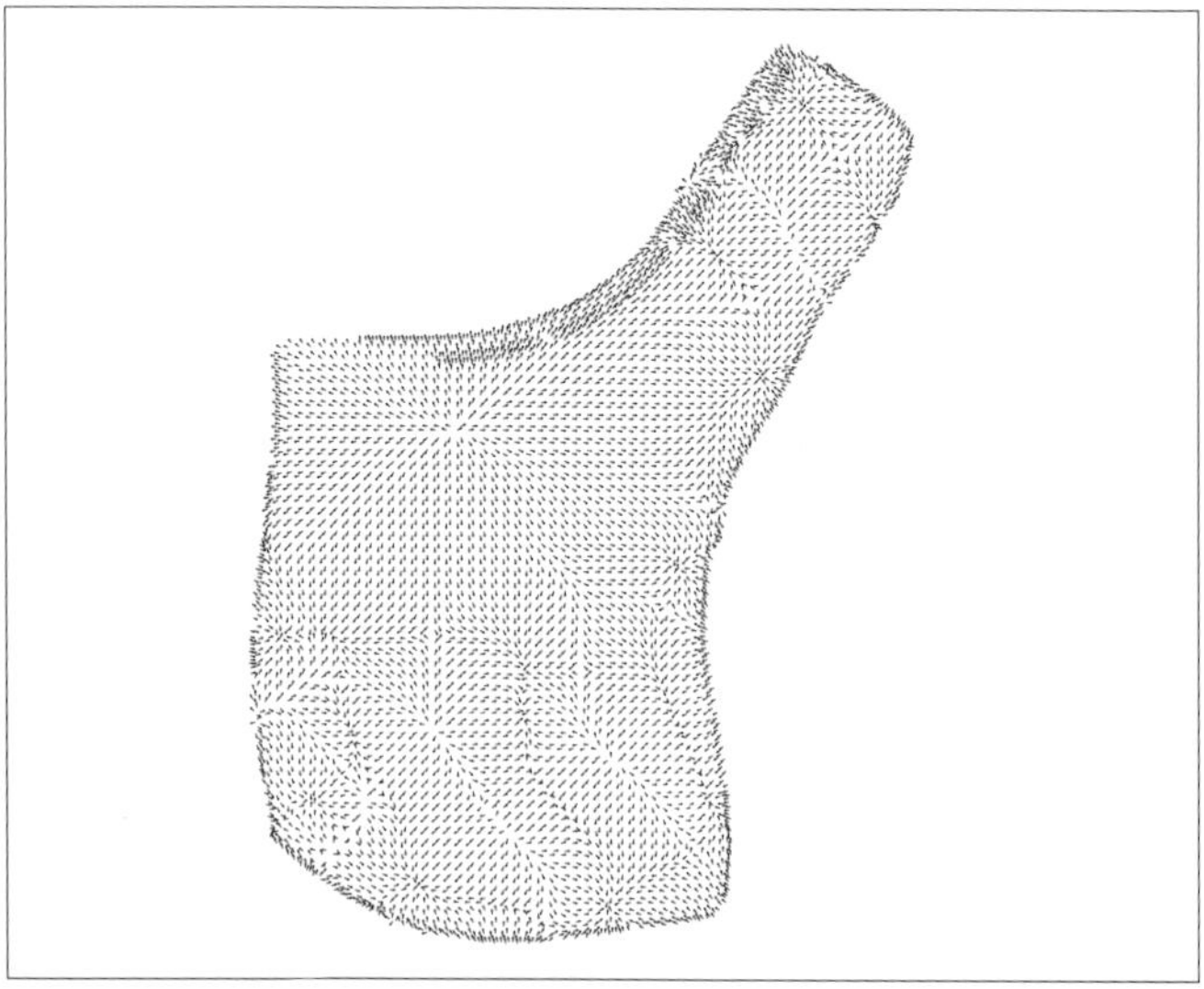

図1-11 瞑想の森 市営斎場 屋根勾配のベクトル表記

こうした表記で示されるのは数学でいう「ベクトル場」です。今はインターネットで画像検索すれば、簡単に、たくさん見ることができます。〈小さな矢印〉で建築を考えるというのは、どのように美しいベクトル場を設計するのかという思考方法です。こうした思考は、ノーテーションの類似に留まる話ではなく、実際の設計にもフィードバック可能です。「ツダ・ジュウイカ」（2003、図1-12）では、鉄板の棚が主構造で40㎝グリッドのモデュールで構造解析がなされ、その結果が棚板をどう減らすかというかたちでフィードバックされています（図1-13）。

「MOOM」（2011年、図1-14〜17）は、膜構造の新しい可能性を探るというプロジェクトでしたが、最後に出来上がったのは、膜の面内に離散的に埋め込まれた圧縮材と膜という引張材のバランスでテンセグリティ構造が成立するという世界でも初めての空間です。ここにも、強くて大きな方法でなく、バラバラの25㎜φのアルミパイプを膜に縫い込むだけで、長さ26m、幅8mの空間を立ち上げるという中に、〈小さな矢印〉的思考が息づいています。

〈大きな矢印〉から〈小さな矢印の群れ〉へ

風をはじめ、気象学的なファクターは、その土地に大きく依存します。だから、建築の敷地に流

図1-12 ツダ・ジュウイカ 400mm 格子の鉄板（厚さ 6mm）が主構造

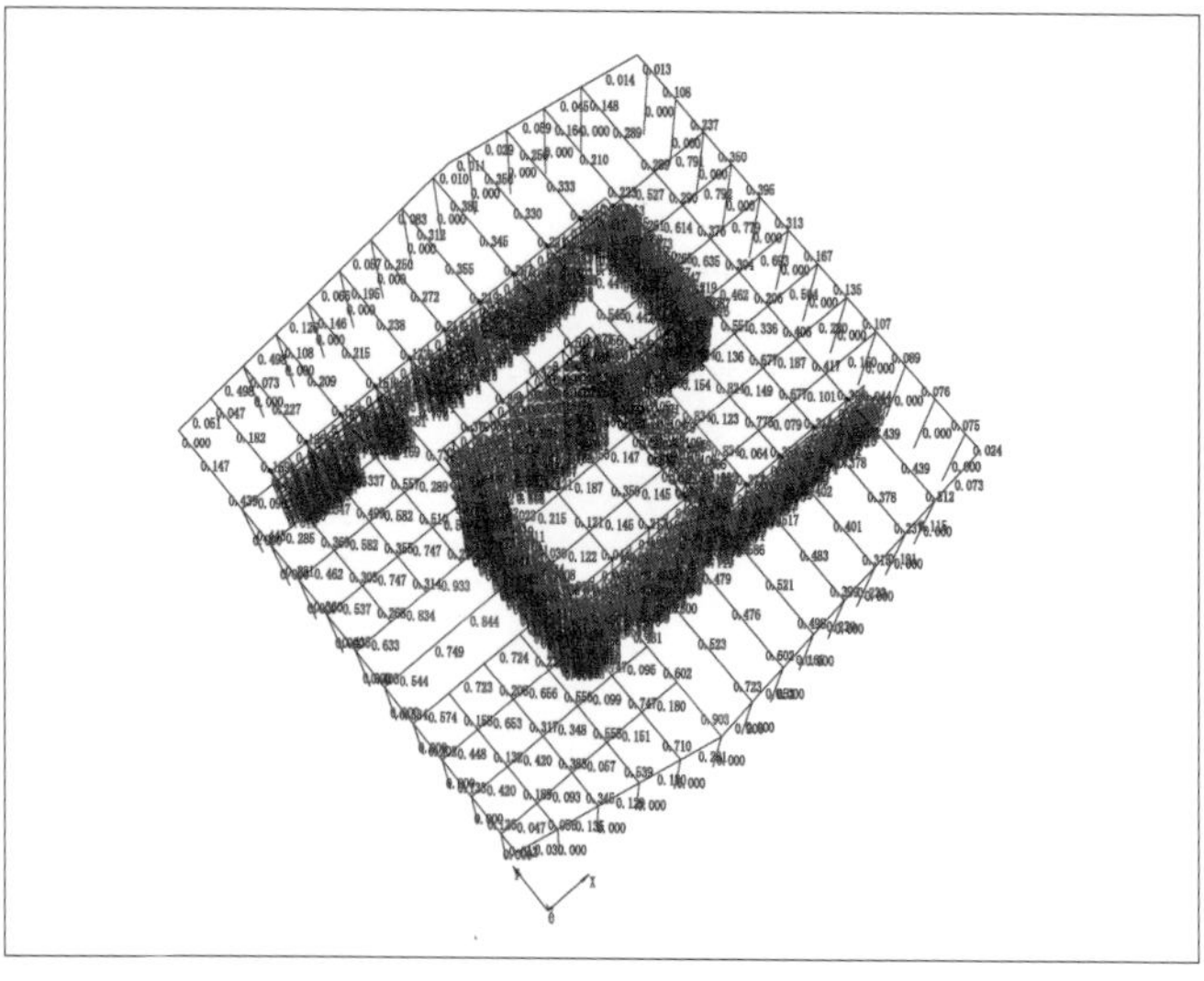

図1-13 ツダ・ジュウイカ　構造解析図
応力にゆとりがある部分の鉄板を抜いて均質に力が分布するようにフィードバックする

図1-14 MOOM 内観 アルミパイプと膜によるテンセグリティでできる空間

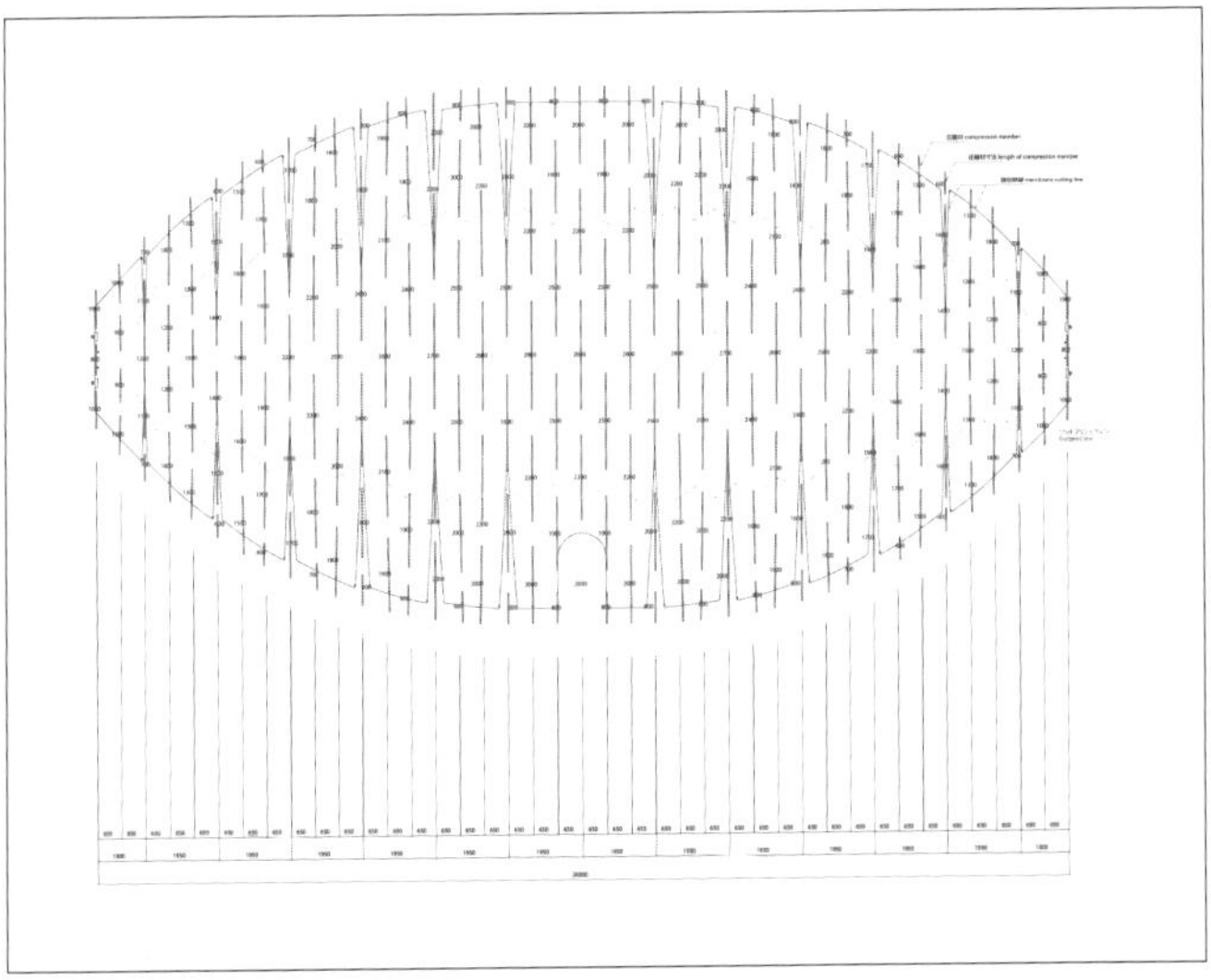

図1-15 MOOM 立体裁断図

図1-16 MOOM 80人、4時間で立ち上げる

図1-17 MOOM 外観

れている〈小さな矢印〉をうまく見いだすことが設計の出発点になる。最近でこそ、世界中のさまざまな場所の気象データがインターネットで入手できるようになってきましたが、ほんの10年余り前までは、そうしたデータを入手するのは大変でした。中央アジアで大学の新キャンパスを設計するプロジェクト「University of Central Asia（UCA）」（２００４年〜）など、まず最初に気象測候所の小さな小屋を作るところから始めようという企てでした。伝統的な集落（あるいは震災復興で関わっている三陸の半島部の小さな漁村でも）では、そうしたデータは、住民たちの経験の中に蓄積されていて、それが集落の成り立ちに形象化されています。しかし、20世紀以降の近代という時代は、〈小さな矢印の群れ〉をいかに単純化し、取り扱いやすくして、大量に早く扱うかを目指した時代でした。シカゴという寒冷地で成立したガラスの箱のモデル（ミース・モデル）が熱帯のシンガポールにそのまま適用されるというように、〈大きな矢印〉が跋扈したのが20世紀と言えるでしょう（図１-18）。

〈大きな矢印〉が時代の空気を代弁していたことの証は、例えば「インターナショナル・スタイル（国際建築）展」という、20世紀のまだ初頭を越えた辺りの時期に、フィリップ・ジョンソンらがニューヨーク近代美術館でキュレーションした展覧会のタイトルに表れています。モダニズムをスタイルのひとつと見立てたジョンソンについては、槇文彦さんの『漂うモダニズム』（左右社、２０１３年）に収められた「至高の空間　丹下健三」にその背景が描き出されています。

その始まりに15億だった人口が、終わりには60億近くまで増えた時代が20世紀。そんな時代には、まずは量とスピードが求められました。それまでは、手作り故に丹念に作られていた建築や都市も、標準フォーマットで、熟練していなくても参加できるようになっていきました。それが、今も続いている、どころか、専門家でなくてもますますルーチンワークで回せるようになってきているのです。槇さんが、『漂うモダニズム』で言語との比較をしながら丁寧に解き明かしているように、モダニズムそのものは異なる人びとを乗せ得る大きな船だったのだと思います。その大船の失われた状況の中で建築家一人ひとりが大海原に漂っているのが現在だと槇さんは指摘しています。その批判の背景にあるのは、〈大きな矢印〉で世界はハンドルできると確信した金融工学やディベロッパーだと言えなくもない。

分かりやすい話がマネー。通貨というものも、もともとは物々交換に代わる〈小さな矢印〉のための道具として生み出された巧妙なフィクションだったはずです。それが、巧妙に〈大きな矢印〉に仕立てられて地球規模で暴れ回るハリケーンのような存在になってしまっているのが、リーマンショックに示されるような、遅れてきた20世紀的現象です。しかし、ここでも、アマルティア・センによる『不平等の経済学』（東洋経済新報社、2000年）の中での「不平等とは何か?」という丁寧な検証作業や、マイクロファイナンスといった〈小さな矢印〉的思考が始まっています。

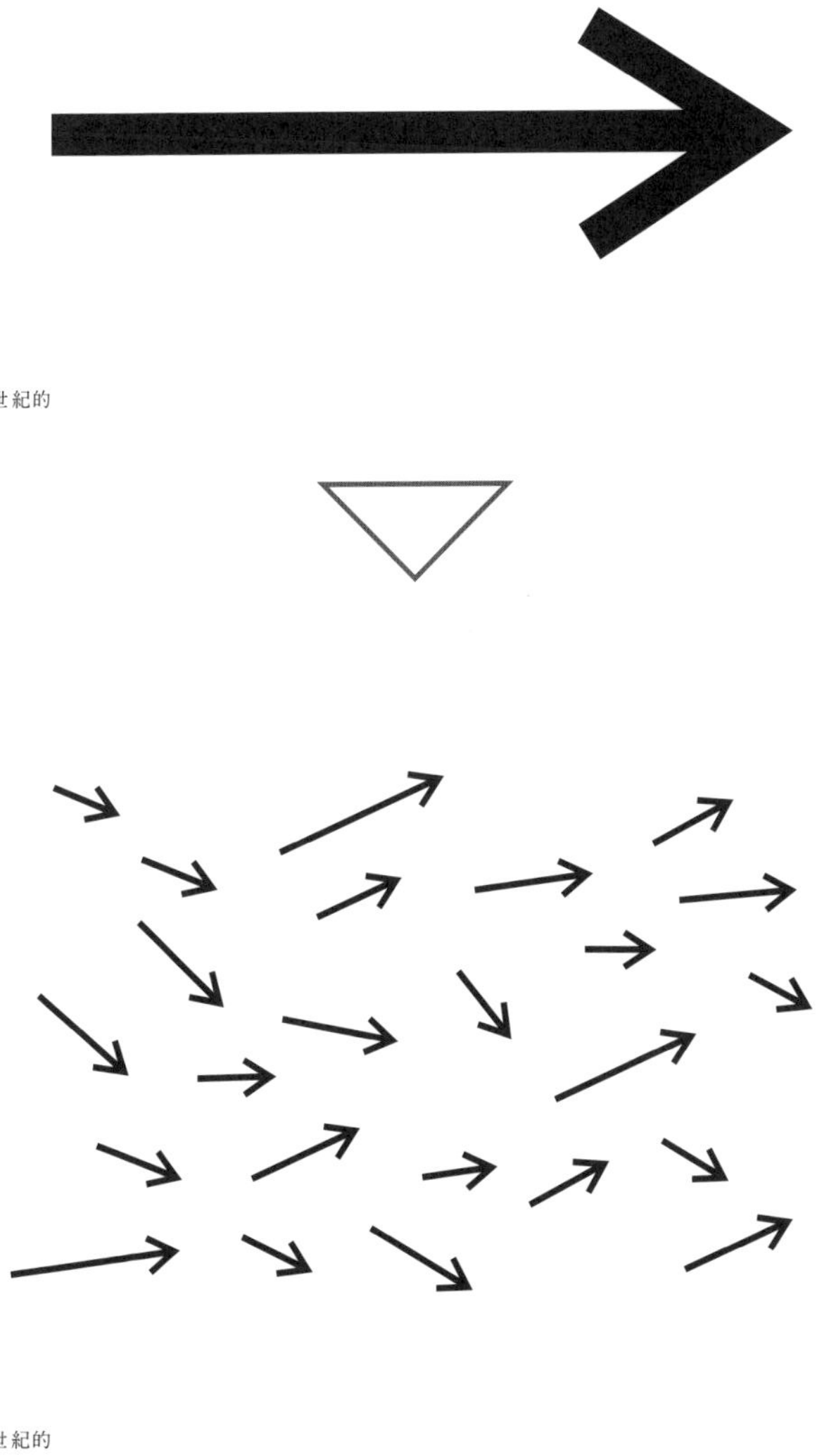

図1-18　大きな矢印から小さな矢印の群れへ

さて、ではどのようにして私たちは、建築や都市、環境の問題の地平において、〈大きな矢印〉から〈小さな矢印〉にスイッチし得るのでしょうか？　それを、ちょっと回り道をしながらお付き合いください。

次章は、〈小さな矢印〉を可能にするための図式の設定の話になります。

第２章　黒と白

建築の空間を、機能、あるいはもっと分かりやすく言えば「部屋名」と関連付けて語ることが当たり前になっています。どんな建築を設計する時にも、私たちが最初に受け取る設計条件の中には、「必要諸室」のリストからなる面積表に当たるものが登場します。まれには、その建築を作ることによって達成したい内容が設計条件となっていることもありますが、その場合でも、機能を道しるべにして設計内容を詰めていくことには変わりはありません。でも、そうやって理詰めにやれば良いものができるかというとかなり怪しい。そこには、建築のもつ時間が、例えばコンピューターやスマートフォン、車などに比べてかなり長いという、根本的な違いがあります。第2次世界大戦後の日本は、残念ながら、耐久消費財程度の時間で建築をスクラップアンドビルドしてきましたから、こうしたことに余計に無頓着にも見えます。

日本の伝統的な家屋は、仏壇や押し入れ、土間の部分を除くと、畳敷きであれ板の間であれ、そうした空間は、その都度の設え（ちゃぶ台を置く、布団を敷くなど）によって、相当にフレキシブルに用いられてきました。地方によって形式の違いはありましたが、家族数などにはあまり関係なく、ある形式をもった住居が作られてきました。

こうした、使われ方によってその場所の呼び方がその都度変わる空間を〈白の空間〉、仏壇や押し入れのように、「機能あるいは使われ方と空間が1対1で対応している空間」を〈黒の空間〉と定義します。機能あるいは使われ方による、空間の2項分類です。

　こんな定義をもち出すと、即座にあちこちから「グレーはないのか？」「間こそ面白い」といった声が上がってくるのは百も承知。それでもいったんこうした分類をもち出さねばならないほどに、今日の建築では、機能が独り歩きしています（この本では、グレーならぬ〈白の濃淡〉というグラデーションもターゲットに据えていますから、ぜひ最後までお読みください）。

〈黒の空間〉

「機能という概念は、人間の多彩で複合的な行動を単純に区分して抽象化したに過ぎません。そしてひとつの機能にひとつの空間を対応させるのです。しかし人間は本来そんな窮屈さに耐えられない。もっと自由で勝手気ままに行動したいのに、無理矢理機能に従わされているのです。」（伊東豊雄『あの日からの建築』集英社新書、２０１３年）
〈黒の空間〉は、機能に従わされた「目的的な空間」です。目的はいったん「想定」されると、その発端をほったらかして、目的そのものに向けて暴走し始めます。部屋名をプランに書いているだけなら、まだしも大したことではないかもしれません。エンドユーザーはそんなこと無視して使い倒せばいいでしょう。問題は、いったん目的としての「部屋名」が設定されると、性能を常に確保するという大義名分のもとに「仕様」があふれかえることになります。

例えば明るさを定義する照度という「仕様」があります。あらゆる空間には、機能に応じた「部屋名」のようなものが割り振られ、推奨される照度の範囲が国家によって規定されています。規定には300lx〜700lxといった範囲（幅）があるのですが、クライアントや設計者は、毎回この幅の中のどこにするかを議論するのが面倒なので、中間値を絶対値として読み替えているありさまです。例えば駅という公共空間にも、プラットフォームやコンコースなどの場所ごとに指定された値がありますが、東日本大震災による福島第一原子力発電所の事故の後、国からわざわざ「中間値を使わなくても幅の範囲で考えていい」（つまりもっと照度を落として節電していい）という笑えない通達やらが出されるありさまなのです。このように、〈黒〉は、管理する側に口実を与えます。管理される側は、差し障りのないようにさらに自己規制する。そうした管理を消費電力と照明というポイントで吹っ飛ばしたのが「フクシマ」であり、暗くなった街は、管理が緩くなって〈白〉化された街だという笑えない状況が生じたのでした。

実際〈黒〉の空間というのは、人間がある時間そこにいて何かをすることを強制される空間です。「教室」しかり「会議室」しかり。だから、明るく（白く！）快適であるように設備のスペックも組み込んでおくべき空間となります。人は、押し込められると文句を言うから、当然と言えば当然です。一方の〈白〉のほうでは、人は、猫のように居場所をその都度選択できます。猫は、その都度一番快適な所にいるという能力は抜群です。太陽の位置が動いて影になる場所が変わったり、風が吹いてきたり、という快適な自然の状態こそが〈白〉にはふさわしい。でも、残念なことに、現代の建築の大半は、それが学校であれホテルであれ美術館であれ〈真っ黒〉であることが多いのです。

〈白の空間〉

〈白の空間〉の定義は、先にも述べたように「使われ方によってその都度呼び方が変わっていくような空間」です。パブリックな空間ということではないので、目的空間ではない廊下のようなスペースが〈白〉というわけではありません。でも、もし廊下の幅がちょっと広くなって、そこにサーキュレーション以外の「立ち話」「展示」「遊び」などがどんどん発生してくるようなら、その廊下は〈白化〉し始めているというような言葉の使い方になります。同じように「社員食堂」がたまには社内講演会やミィーティングスペースにも使われるなら〈白〉の空間。冒頭に述べたように、日本の伝統的な住居の田の字型プランなどは、仏壇や押し入れ以外はすべて〈白〉で、ちゃぶ台（もっと前には食膳）や寝具の上げ下ろしで用途にその都度対応していました。〈白〉比率がものすごく高い建築です。

この考え方は、都市の空間にも応用可能です。道路は、警察管理下の現在では、ここが車道、こっちが歩道と機能ゾーニングされた揚げ句に、自転車など走るエリアをしょっちゅう変更されて混乱する始末。要は交通のための空間ということで〈真っ黒〉なわけですが、半世紀も前には、あらゆるアクティビティが路上にあふれ出ていたから道空間は〈白〉だったはず。東京の下北沢で行われた国際ワークショップ「アーバン・タイフーン」（2006年）で、一度、路上にテーブルセッティングしてワイングラスで乾杯するまで誰も怒鳴りに来なかったらそこは〈白〉、という按配で路上調査をしたことがありました（図2-1〜2）。外国人が多かったから出来た、かなり危ない実験でしたが、結果は結構面白かった。前項に挙げた伊東さんの文章に触れてそんなことも思い出した次第。「どんなことが行われるか分からないからフルスペックにする」というのは機能論的な考え方です。音楽も演劇も公演も同一空間とした、よくある多目的ホールなどはこの典型。そういった〈黒〉をいくつか重ねた空間は、だいたいうまく使われていなくて、クライアント側の自己満足に終わっています。イキイキした〈白の空間〉は、多機能を備えていることではなく、その都度ユーザーから「発見」されて〈白〉足り得るのです。建築家は「発見」の手掛りを埋め込むことに集中すればいい、というわけです。

図2-1 下北沢国際ワークショップ「アーバン・タイフーン」でつくった下北沢界隈の都市の〈黒／白〉図

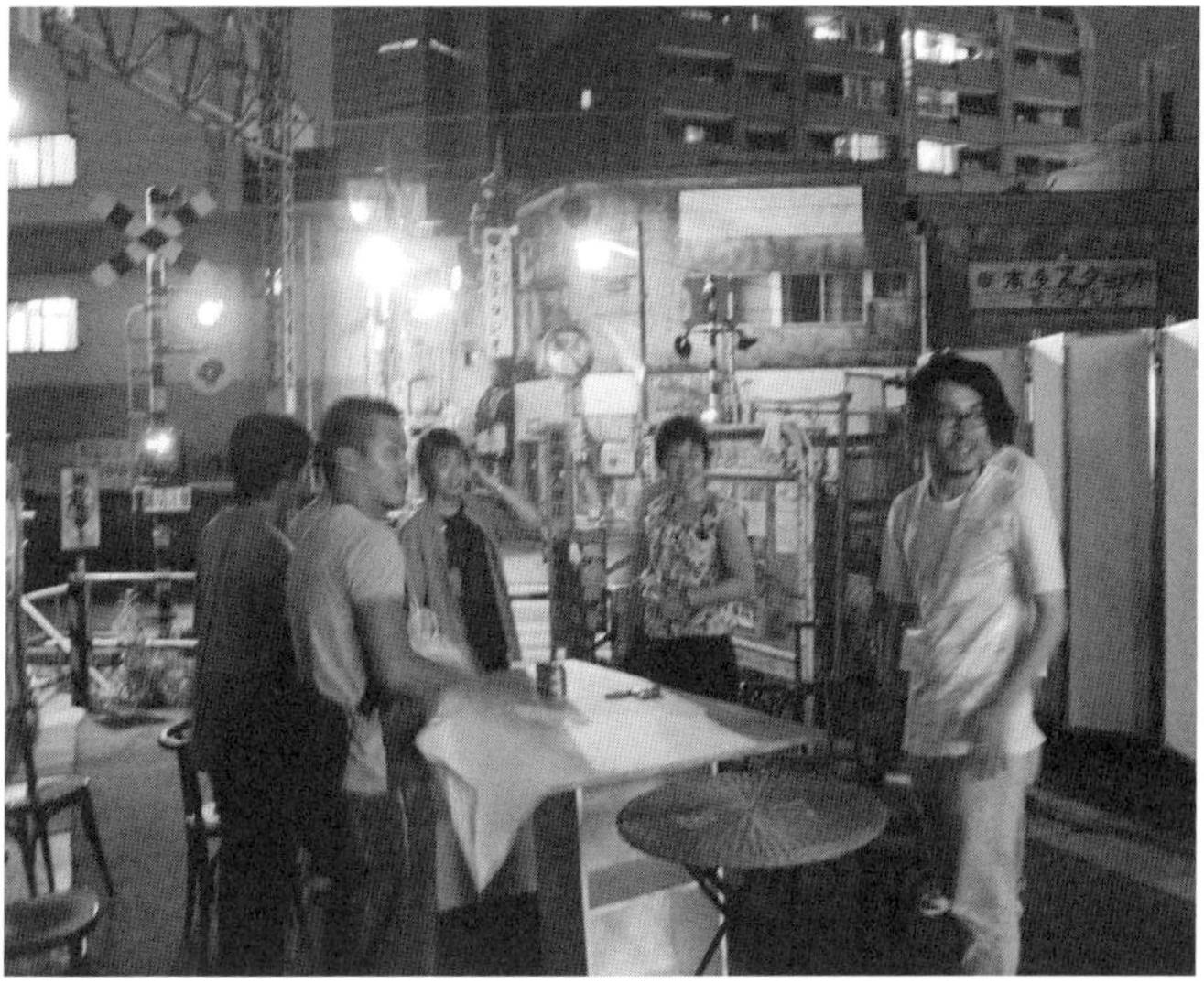

図2-2 路上にテーブルセッティングしている様子

「窮屈さ」から自由へ

現代の建築は、設計の与条件は〈真っ黒〉に近い。大は公共建築やタワーオフィスから、小は個人の住宅まで、建築には役に立つことやそこから収益を生み出すことばかりが求められています。その結果、どんどん窮屈になってしまう。正直に要求条件をトレースしたばかりに用途に意味がなくなると取り壊されるという悲劇も日常茶飯事です。

では、ミース・ファン・デル・ローエの「ユニバーサル・スペース」は、〈黒〉から離れて自由を獲得したと言えるでしょうか？　答えは否です。ミースの設計したオフィス空間は、その都度パーティションで用途（＝〈黒〉）に応じて仕切るという形で世界に流布して重宝されています。ミースは、建築の問題から「ユニバーサル・スペース」という概念によって「機能」をカッコ入れすることに成功したという意味で特筆される存在なのです。概念としては〈白〉だが、実際の使われ方とか体験としては〈黒〉というカッコ入れですから、それはお見事と言うしかない。その、意図された誤解が、近現代を覆い尽くしています。あとでまた触れることになりますが、ミースの「ユニバーサル・スペース」は、密閉型の完全空調ともセットでした。自然と遮断したフルスペックの設備を搭載して初めて可能になった空間というわけです。こうした空間を窮屈と取るのか、自由と取るのか？　少なくとも私にとっては窮屈の極みです。

空間を役割から自由にする（＝〈白〉の獲得）とは、どのように可能で、どのように意味があるのでしょう?

獲得の方法は、プラクティカルに例えれば利用頻度です。機能に従ってどんどん部屋を増やしていくと、多くの部屋で使われないで鍵がかかっている時間が長くなる。部屋名は、たいがい独り歩きしているから、アクティビティをリサーチし直すと、ふたつ以上の部屋を重ね合わせたりして省ける所がかなり見つかります。その分をシュリンクした余剰として〈白〉に切り替えていく。クライアント相手にはそれで半分は説明が付きますが、そこで終わるとコストカットに協力してくれてありがとうということになりかねない。

〈白〉がある割合で空間全体の中にあることの効用を説くのは、もうちょっと難しい。学校のような公共建築にせよ、オフィスビルにせよ、クライアントにとって膨大な建設投資をするからには、末永くイキイキ（投資に置き換えると資産価値が減らないで）使われてほしいはずである。それに効いてくるのが〈白〉の空間だと説明して、理解を共有しています。

〈黒／白〉の比率はどのくらいが良いと思いますか? 建築家が住宅を設計すると〈白〉を増やしたがる傾向があります。一方でクライアントは、モノを片付けたいし、バスルームやキッチンもしっかり作ってほしい。

私自身の経験値では、住宅や学校など、同じユーザーが毎日長時間そこにいるスペースでは、〈黒／白〉比率はエアボリュームで「1対1」に近いくらいがちょうどいい。「ヒムロハウス」(2002年、図2-3〜4)は、〈黒／白〉を考える発端のひとつとなったプロジェクトです。この住宅は、リタイアした私の両親のための住宅です。30mの長さの〈白〉の空間=リビングダイニングは、ローカルなコミュニティの中で、同時に3組くらいの来客があるのは日常茶飯事という状況への対応が第一義でした。この土地に長く住み続けてきたためにモノも多いから、片付けやすい家というのも重要なテーマでした。〈黒〉と〈白〉が細く長い境界面で接するレイアウトは、最短距離で散らかったモノを〈黒〉に押し込めることができるというわけです。この家では、〈黒〉の小部屋を貫いて60mで一周できる動線が確保されています。〈黒〉をサービスゾーンと捉えるなら、どこからでも裏を回って〈白〉に出ることができます。

東京で離れて暮らす私にとって、これから年老いていく両親に寄り添って暮らすことにはリアリティがありません。それには、そこにその時必要とされる部屋をレイアウトしたプランではなく、もう少し引きを取った立ち位置から場所そのものを作っておいたほうが良いのではないかと考えました。個別の部屋名ではなく、〈黒／白〉の図式に還元し、それを細長く引き伸ばすことでいろいろな登場人物の居場所を設定しやすくする。同じ空間の中に何となく居ても息苦しくならないこと、そのための折れ曲がり。実際に竣工後10年以上経過していますが、近くに住むふたりの妹とそ

図2-3 ヒムロハウス 内観

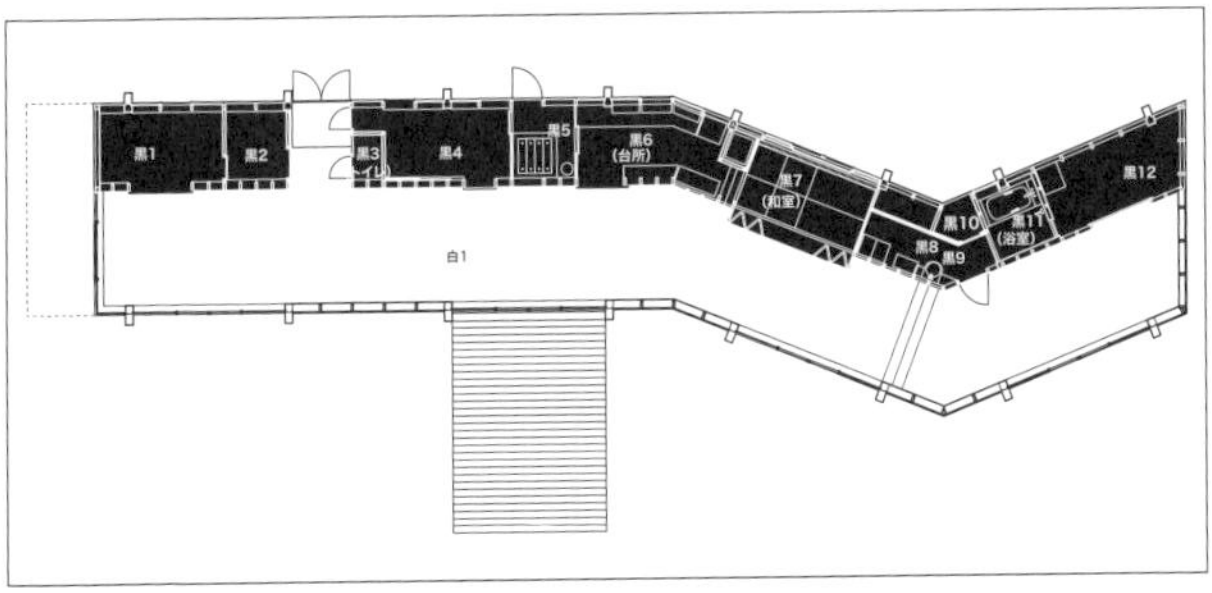

図2-4 ヒムロハウス〈黒／白〉平面図 長さ30mの〈白の空間〉に並置される〈黒〉の諸室

の家族たちが頻繁にこの家を訪れてくれることで、この場所のアクティビティは維持されています。

シアトル・パブリック・ライブラリー

レム・コールハース／ＯＭＡによる「シアトル中央図書館」（２００４年、図２-５）の断面は、そのものずばりの〈黒／白〉の図式で描かれています（図２-６）。意味内容的にもほぼ同じ。書架のスペースをどうシュリンクするかをテーマに据えて、スパイラル・ループの書庫を空中に据える。圧縮されたはずなのに、この開架書架の空間はとてもいい。大量に本があることによる図書館という場所のオーラを、貫通するエスカレータから垣間見せる。もちろん書架の間をゆっくり散策することも可能です。書架をシュリンクして生み出した余剰はどうなっているか？　レムは、獲得した〈白い〉場所を〈リビングスペース〉と名付けています。都市の中のリビングスペースと理解していましたが、実際に訪れてみると、この空間は都市そのものです。本棚の大半は〈黒〉の中にありますから、図書館かどうかも気にしないでいいような場所となっています。〈白〉が都市になるまで徹底すると、最後はホームレスたちがこの中にいて許容されるかどうかを突き付けられるかもしれません。ここでの〈白〉は、そのくらいの「The Public Space」を獲得していると言えるでしょう。

図2-5 シアトル中央図書館

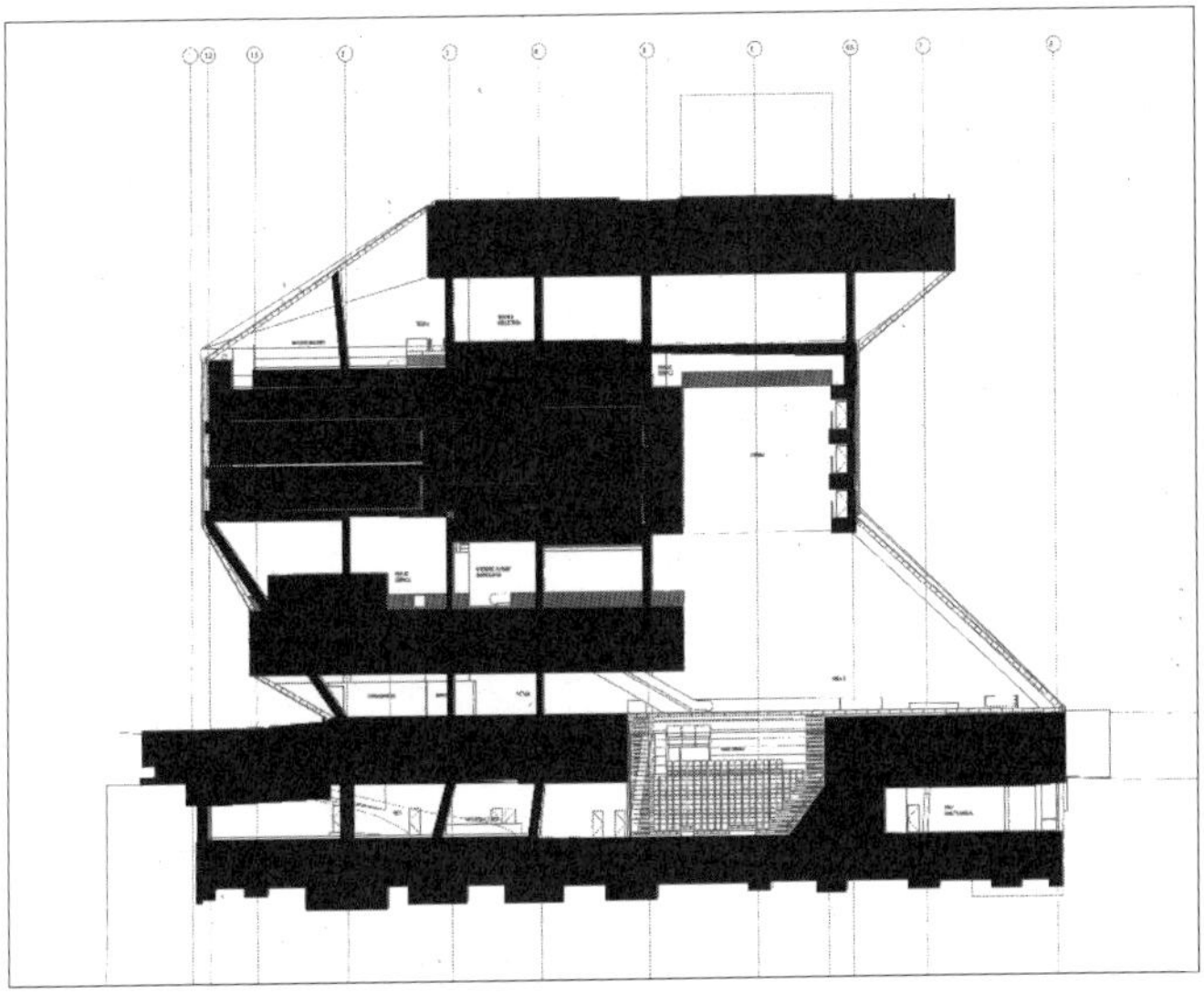

図2-6 シアトル中央図書館〈黒／白〉断面図

I-C 集積回路型の建築

「ヒムロハウス」が〈黒／白〉図式をそのまま空間化したような建築だったのに対して、「宮城県迫桜《はくおう》高校」（2001年、図2-7）は、総合学科カリキュラムで延床面積が20000㎡近い大きなプロジェクトでした。求められる部屋数も200以上あり、各々に必要なスペックが延々と書かれていました。アグリビジネスや福祉、エンジニアリング（機械と土木）、情報など、各々の専門に特化した実験室や実習室がすごい数あります。同時に、総合学科というシステムは、学科や系に分けて生徒を募集したり振り分けたりするのではなく、個々の生徒が授業科目を全メニューの中から選択していくことでひとりずつの専門が浮かび上がってくるというものなので、個々の授業の履修者はかなり少なかったり、年度によってはゼロということも生じます。これを空間の問題として捉えると、利用頻度が著しく低い、閉じた（鍵のかかった）教室や実験室が、廊下に沿って延々と続くということになる。これだと学校全体が〈真っ黒〉です。そこで、私たちは、類似した事例をクライアントと一緒に訪れて調査・ヒアリングして、実験室や準備室を、内容を吟味しながら整理・統合することを提案しました。そうやって得ることができた余剰面積を転用して、〈白〉の空間であるFLA（Flexible Learning Area）を獲得できたのです。最初からFLAを作ってくださいといったプログラムではありません。この時の、県の教育委員会や営繕課との打ち合わせで初めて〈黒／白〉という用語を実際に用いています。思いのほかスムースに関係者全員に共有されて、役所の会議で、「〈黒〉がまだちょっと多いね」などという発言が飛び交っていました。

その結果として、断面の内法寸法で6m×6m、長さが120mもあるFLAが2本と、断面は同じ寸法でもう少し短いFLAが実現しました（図2-8〜9）。作り付けのベンチやテーブルが設えられた空間は、展示や食事、おしゃべりだけではなく、少人数の授業にも使われています。

FLAを獲得したことで、ひとつ大きな問題が生じました。宮城県の県立高校では、教室は暖房がありペアガラスも用いているのですが、廊下には暖房がなくガラスもシングルだったのです。FLAの大きなエアボリュームをもった空間を普通に暖房すると、他校に比べて重油の消費量が多くなり過ぎる。そこから、太陽熱空気式床暖房（OMソーラー）を採用することになりました。幸いというか、フットプリントは120m角もあるので、広大な屋根面がある。そこに集熱屋根を載せて、北側は採光と通風を得るハイサイドライトにしています。FLAの両端などの開口部には「ビッグハート出雲」（1999年）で開発したダブルガラス・ルーバー窓を用いて、冬季・夏季とも石化資源に頼らないで快適に過ごせる空間を実現することが出来ました。

このプロジェクトに関わっていたころには、まだ〈小さな矢印〉や〈Fluid Direction〉といった言葉は用いていませんでしたが、あとから振り返ると、予感としてそうしたことを実践していたのだと分かります。

このプロジェクトは、〈黒／白〉に構造や設備、アクティビティのハブやサーキュレーションなどのレイヤーを緻密に組み込んだ「集積回路（＝ＩＣ）型の建築」です。集積回路は、文字通り情報（信号）をコンパクトかつスムースに流すことが目的です。１２０ｍ角もある巨大平面の隅々までひとりの生徒が使いこなす、という目的と重なります。

スペックに支配されない〈白〉は、外気を導入し、外部と内部の中間くらいの環境制御とするなど、工夫のしがいもある。エアコンが発明された後、どんどん天井の高さが低くなっていったオフィスやホテルの客室などを考えれば、その意味が分かります。建築の空間は、空調効率だけで決定されるようなものではないはずです。エアコン黎明《れいめい》期のオフィスは、例えばライトの「ラーキン・ビル」（１９０３年）のように、創意工夫に満ちあふれていました。まだエアコンが〈大きな矢印〉になるほどの力がなかった（レイナー・バンハム『環境としての建築：建築デザインと環境技術』鹿島出版会、１９６４年）。一方、「ユニバーサル・スペース」の中では、〈小さな矢印〉は、縮こまっているしかない。困ったことには、サステナビリティを謳っている現在のビルディングの中には、〈矢印〉を完全制御するのが建築の勝利だと勘違いしている例が多いのです。

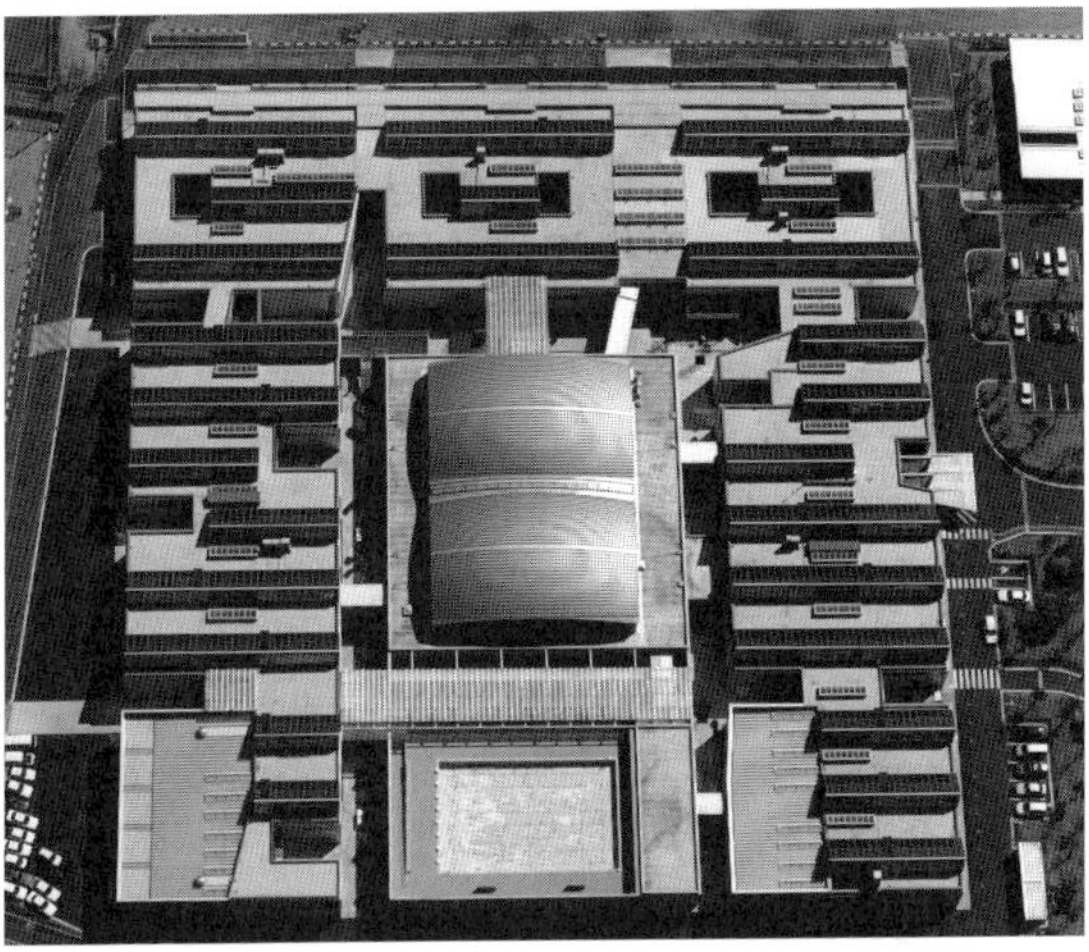

図2-7 迫桜高校 航空写真

図2-8 迫桜高校 〈黒／白〉平面図

図2-9 迫桜高校 FLA（〈白〉の空間）

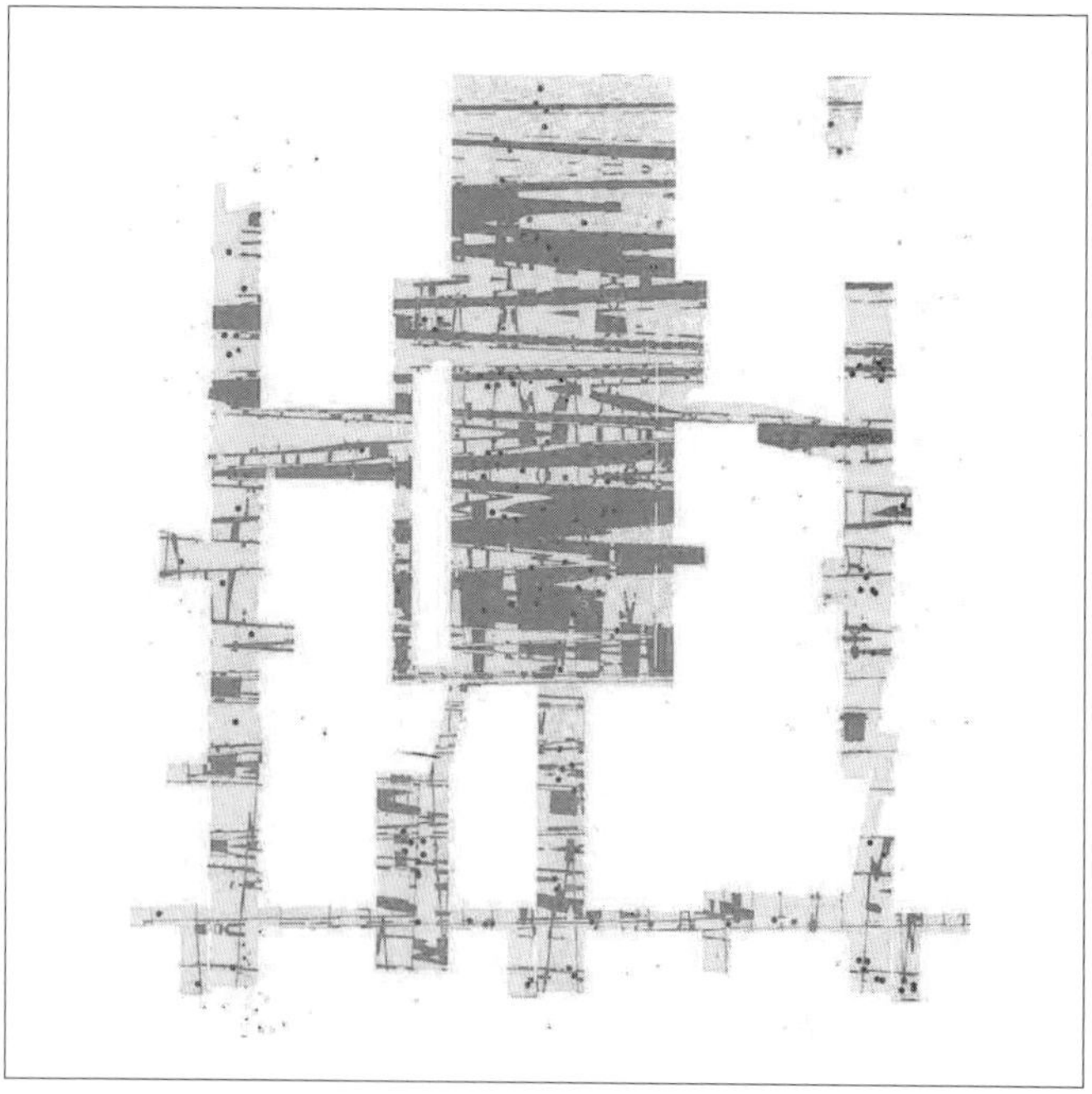

図2-10 迫桜高校〈白〉の空間におけるアクティビティの分布イメージ

白の濃淡へ〈小さな矢印〉がつくるグラデーションの場

図2-10は、「迫桜」のFLAの中を流れるものをイメージとして表現したドローイングです。〈白〉の中のアクティビティや温熱、風などのさまざまなFluidの分布密度の濃淡を示しています。〈小さな矢印〉= Fluidの自在に流れる場所を建築や都市の中に獲得すること。そのための布石が、〈白の空間〉の獲得です。効率と管理のための空間として建築の空間を捉えがちな現在から、本来の空間の自由さを獲得するためには、説得力ある論理的な語り口が必要になるでしょう。

第３章　Fluid 流れるもの

ミースの建築にはトップライトがない

私が知っている限りでは、ミースという建築家は、生涯トップライトを使ったことがないように思います。スラブ（あるいはプレート）が絶対優位の建築家であったらしい。完成度の極めて高い、「シーグラムビル」（1958年、フィリップ・ジョンソンとの共同）に代表されるカーテンウォールは、すべて嵌め殺しのガラス。床天井の方向にも、外壁が覆う水平方向にも、密閉をプライオリティとした空間を提示しています。先程も述べたように、セットになるのは完全空調。ちなみに「ガラスの摩天楼」の計画時には、オフィス照明も未来の可能性だったようですから、ミースの構想力には「すごみ」を感じざるを得ない。思い切って単純化すると、「ミース・モデル」＝「密閉型」となります。密閉することで、ローカリティと絶縁できる。究極のインターナショナル・スタイルの完成でした。そこでは、いったん外と絶縁することで、計算可能な閉鎖系のモデルを構築できる。閉鎖系のモデルは、場所を問わないから世界にアプリケート可能になる。まどろっこしいその都度の立地や環境から解き放たれる。いったんそうなったら、しょぼいエピゴーネンがそこらじゅうに現れます。20世紀の後半は、そんな具合に、ミースがどこまで意図したかとは関係なく、走り始めたのでした。

「閉鎖系＝密閉型」は、空調に限らず、音や光（照明）など、さまざまなファクターをコントロール可能だと信じさせるという点でアドバンスがありました。原広司さんのいう「均質空間」の完成です。そのような空間は、理念的には美しい。でも私にとっては、透明なガラスの外壁（仮定としての拡張性の一方で、物理的には区切るモノ）の存在が、どうしようもなく（身体的にと言ってもいいでしょう）「理念と実態の乖離」としてしか感受できなかったのです。

伊東豊雄さんによる「せんだいメディアテーク」（2000年、図3-1~2）は、プレートに孔を空けることで、「ミース・モデル」を突破した建築というのが私の理解です。チューブ状の柱の中にある孔によって、空気・自然光・視線・力の流れなどの〈小さな矢印〉が、「均質空間」の完全なコントロール下から解き放たれて流れ始めました。コントロールから解き放たれたということは、正確に言うなら「乱れ始めた」ということもかもしれません。それを、ネガティブに捉えるか、それとも「可能性」が開かれたと捉えるかは紙一重でしょう。私たち建築家にとっては、「ミース・モデル」の突破口になる存在だったわけですが、同時に、そんなことには何の関心もないであろう市民たちも共感し、公共の図書館になど立ち寄らないだろう若いカップルが、図書スペースを含むそこここにいる。「コンビニのような公共施設」が誕生したわけです。蛇足ですが、プレートの薄さが、エレベーターで上下するときの上と下の空間の同時体験として、実態としての空間体験を素晴らしいものにしてくれている。学生たちには、世界で最高のエレベーター体験は「せんだい

図3-1 せんだいメディアテーク

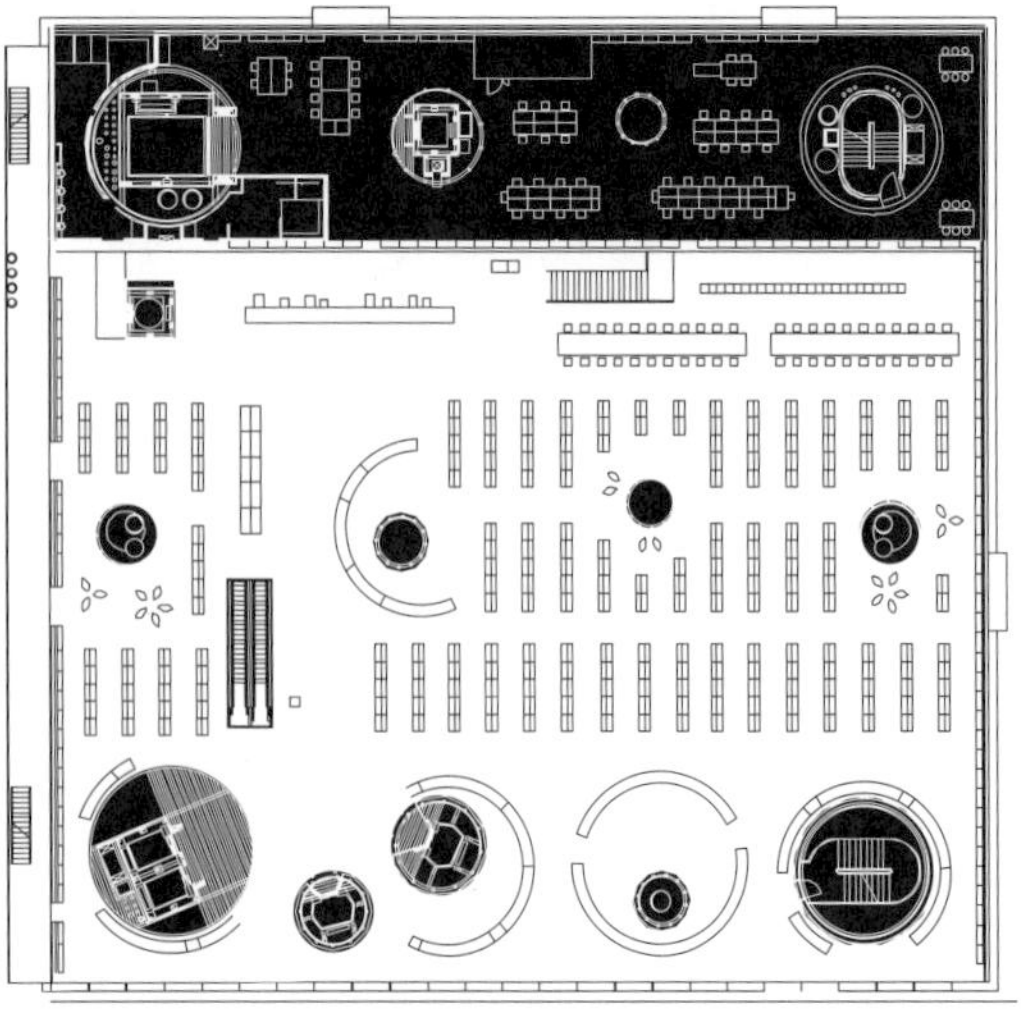

図3-2 せんだいメディアテーク〈黒／白〉平面図（3 階）

メディアテーク」にあると話しています。

呼吸するガラス面　なぜ嵌め殺しガラスを嫌うのか?

「ハノイモデル」でやった自然通風・通風冷却に関するCFD解析のことは、すでに少し書きました。ここでは、それ以前に関わったプロジェクトである「出雲」の窓の話を少し振り返ることにします。

JR出雲市駅の駅前に建つ「出雲」(図3-3)は、小さなホールやスタジオ、市民ギャラリーなどが入る、市民利用のためのコンプレックスです。駅と周辺の高架立体化と土地区画整理事業で、それまで貨物線ヤードだった駅裏が駅前に変わるという大きな転換の中で、最初に実現する建築プロジェクトと位置付けられていました。今までまったくアクティビティのなかったエリアだから、建築の中の市民の活動を周囲に向けて視覚化できたほうがいい、と考えてホールまで含めてガラス張りの建築を提案し、コンペで選ばれてスタートしたプロジェクトです。

それなりの規模のこの建築のガラスを全部嵌め殺しにすると、意図してもいないのにモニュメンタルになり過ぎる。それよりは、例えばグレン・マーカットの建築に現れるガラスルーバー窓のように軽快で中と外をつなぐものにしたい。でも、日本の、それも山陰地方の、夏は暑く冬は寒い気

図3-3 ビッグハート出雲

候では、気密性や断熱性はないがしろにできない、というのが発端で、いろいろなセンサーを備えて微気候に応答して呼吸するように自動で開閉するエアタイト・ダブルガラスルーバー窓を開発しました。そのハードのメカニズムは、簡単に言えば、240㎜の空気層を間にもつ2枚のガラスが、信号の入力によって0度、7・5度、15度、30度、54度の5段階で「ハ」の字型に、内外両方に向けて自動開閉するというものです。1枚のガラスの寸法は幅1200㎜で高さは250㎜。これが2000枚以上開閉する。どういう駆動システムにすればモーター数が最小化できるかから始まって、水密・気密性能を枠なしのガラスでどう獲得するかまで、いろいろなメーカーの人たちと一緒に、何度も議論と試験を繰り返して作り上げました。（図3-4〜5）

もうひとつの課題はソフトウェア。目標とするのは、中間期で外気温のほうが室内気温より低い時間帯に窓を開けることで外気冷房するということ。真夏や真冬はしっかり閉まっていて熱性能も高い。窓が開いている時に、雨が降り始めたら勝手に少し閉まって様子を見る。どしゃ降りになったらシャットダウンする。風が強くなってきた時にも、同様に少し閉めて様子を見る。こんな、人間が普通にやっていることを、コンピューターとセンサーの働きによって自動でやりたい。

単なるオン・オフ（全開と全閉）なら、各々に閾値をひとつ設定すればいい。簡単です。でも「様子を見る」という人間的なファクターを絡ませようとすると、突然ものすごく難しい問題になるのです。

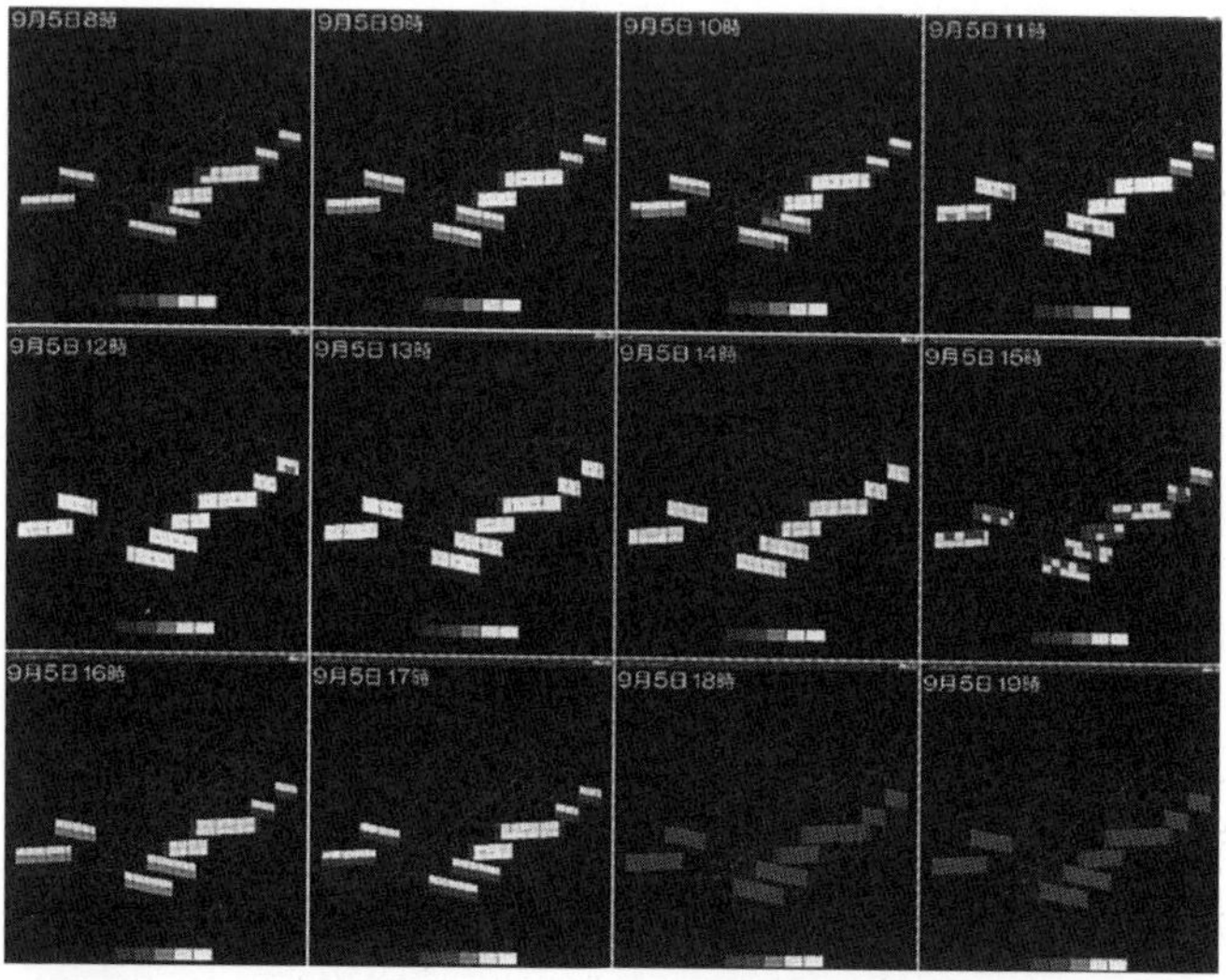

図3-4 開閉パターンのシミュレーション

図3-5 電動ダブルガラスルーバー窓

センサーの種類は、外気温と内気温を計る温度計と湿度計、風力計と雨量計（これは時間雨量をゆっくり測っていてもダメなので雨量強度まで測れるもの）で、各々リアルタイムのデータがコンピューターに送られます。それに火災信号が加わって排煙窓としても作動するようアルゴリズムを組む必要がある。この中で、ガラスの開閉、それも様子を見、ためらいを見せながら、呼吸するように微妙に開閉するために重要なのが、風と雨です。

風力をデジタルに数字で送るためには、今吹いている風が何メートルかという体感を数字で言えることが入り口なので、このころはずっと風力計を持ち歩いては風を測っていました。結果として、0.2m／秒単位ぐらいの誤差でその時の風の速度を言えるようになりました。トレーニングの成果というわけです。雨量強度は、ポータブルに簡単に測れる道具がないので、計測機器を製造しているメーカーの工場まで出向き、製品試験に使っているところを見学させてもらったりして何とか把握した次第です。

アルゴリズムを組むのもまた大変で、建築家の私が「横断歩道のある交差点を見下ろしていて、雨がぱらつき始めたときに、傘をすぐ開く人もいればそうではない人もいるようなバラつき感」などと言ってもエンジニアにはまったく伝わらない。最後は、かたちのモデリングやアクティビティ・シミュレーションの視覚化などでお付き合いいただいていたＡＡラボの濱野慶彦さんに、感覚的な言葉をエンジニアに理解可能な言葉に翻訳する通訳として登場してもらって、何とかプログラムが完了しました。

完成した空間の、大きなガラス面の上半分のガラスが「ハ」の字に開いた時の柔らかいダウンフローは体験したことのない空気の流れで、大変心地良いものになりました。「ハ」の字が外を流れる風を減速して、０・２〜０・３ｍ／秒の身体が感じるギリギリまで風速を抑えてくれる、しかもそうした微風が壁面全体から降りてくるからです。

このプロジェクトを通して、眼に見えない風や温湿度を建築で取り扱うことの面白さに目覚めたといえます。

窓のデザイン「ミース・モデル」vs サラバイ邸

冷暖房をすべて止めてしまおうというのは極論です。でも、日本の気候だと、エネルギー負荷も高い冷房の運転時間は、建築的な工夫次第で、相当量軽減できます。高気密・高断熱によってそれを達成しようというのが今の主流ですが、それだけだと空調のいらない快適な中間期にも、絶縁された室内環境を我慢することになりかねません。それよりは、開けるときには思い切って開きたい。まるで外にいるような建築を作りたい。そんな思考が、北緯10度の熱帯地域に冷房のないキャンパスを提案した「Ho Chi Minh City University of Architecture（HUA）」を経て、外壁面がガラス折れ戸でほぼ全開できる「宇土市立宇土《うと》小学校」(2011年)につながっていく発端です。「ミース・モデル」の密閉型空間については、すでに書きました。周囲から絶縁して密閉してしまった中で、温湿度や光といった環境的なファクターを取り扱う(抽象化する)こと。それで、世界のどんな場所ででも同じ方法が使える回路を発明した〈大きな矢印〉の好事例です。「ミース・モデル」は、何も環境的・技術的なファクターで世界を席巻したわけではありません。世界を席巻したのは「ガラスの箱」という分かりやすい美学を「Less is more」という見事なキャッチコピーとセットで打ち立てたことでしょう。

私たちは、嵌め殺しガラスがシンプルに納まるボリュームのデザインに、「構成の美学」に深層で染め上げられているのと同様、深く侵されています。ミース以前、窓のデザインは大変重要なものでした。例えば塚本由晴さんの『WindowScape 窓のふるまい学』(東京工業大学塚本由晴研究室編著、フィルムアート社、2011年)を見ればよく分かるように、窓とその周りにはローカリティ(地域の文化)を伴った豊かな空間が無数にありました。しかし、ミース以降、ガラスが、特に写真に写した時に、存在しないかのように見えることが「素晴らしい」という20世紀の時代の感性を共有することになったのです。私自身、たまたま2000年過ぎに「アイビーエム・ワン」というシカゴにある1960年代(1966~1969年)のミース設計のタワーオフィスの中にある設計事務所とコラボレートすることになって、極寒のシカゴの曇り空をアイレベルに見ながら、空調の基調低音に静かに支配された人工的で温湿度的には快適な空間で過ごしたことがあるので、このモデルのもつ「ちから」はよく理解しています。半世紀前にそれが成立したことをしっかり想像するなら、その「ちから」の強力さはすごいものだったのだと分かるでしょう。当然のことながら全面禁煙のビルから、極寒の街中に煙草を吸いに逃げ出すために、ジャケットとコートとマフラーを身に纏うたび、ガラス1枚が断絶する外と中の違いを身につまされたものでした（9・11テロの直後だったこの時期、顔を上げて窓から曇り空を見るたび、飛行機がこっちに向かっているんじゃないかと気になったことも、シリアスな思い出です。ビルに入る時のセキュリティチェックは尋常ではないレベルのもので、せっかくの石張りの広場に解放されたミースデザインの透明性に富んだグラウンド・レベルのスペースは、一カ所に絞られたセキュリティゲートに向けてコートの襟を立てて行列する人たちの並ぶ異様な風景で台無しにされていました。テロリストたちがアメリカの象徴と見立てたWTCを崩落させたことで、その寄って立つ価値観の大本であるミース美学によるビルディングが揺さぶられたと言ったら大げさでしょうか？）。

雑談が過ぎました。嵌め殺しガラスの美学の話に戻ります。ミースも「ファンズワース邸」（1945～1950年）といった住宅では、さすがに開閉できる窓も設計しています。ここで注視すべきなのは、その開閉できる窓を、嵌め殺しガラスであるかのように、ミニマルにデザインしていることなのです。「開かないように見せることが美しい」という美学の支配力というか、恐ろしさは、タワーオフィスよりも、むしろ「ファンズワース邸」によって完徹されているということにあるのです。ミースによって、外と中をつなぐ重要なモチーフだった「窓」は、ガラスに還元されたというわけです。

同時代に、ミースと並ぶ巨匠、ル・コルビュジエは、インドのアーメダバードに「サラバイ邸」（1951〜1955年）（図3-6〜7）を設計しています。ル・コルビュジエも「ガラスの箱」に、早い時期にチャレンジしました。「ソビエトパレス」（1932〜1933年）などの計画案を経て、パリの「救世軍本部」（1929〜1933年）で、ミースに先駆けて、ミースよりも徹底したと言ってもいい嵌め殺しガラスの壁面を実現しています。しかし、このビルがのちにル・コルビュジエ本人によって命名された「ブリーズソレイユ」（恒久的に建築本体に組み込んだ日除け装置）に改修されていることから想像するのですが、彼自身は、早々に「密閉型モデル」の限界を見限っていたように思います。ブラジル・リオ・デ・ジャネイロの「旧教育保健省」（1943年、図3-8〜9）というオスカー・ニーマイヤーらとの共同作品を近年訪れたのですが、「ブリーズソレイユ」が今も機能している（ブラジリアのニーマイヤーの仕事などで現地に根付いて展開されています）のはもちろんのこと、スチールの上げ下げ窓などが大変丁寧に設計されて数十年を経た今も機能していることに感銘を受けました。さて、「サラバイ邸」。たくましい植生の中に今やすっかり埋め込まれたようにも見える（実際外観写真を撮るのが難しい！）。屋上庭園など、手すりがな

図3-6 サラバイ邸 植物に覆われてほとんど見えない外観

図3-7 サラバイ邸　開口部

図3-8 旧教育保健省

図3-9 旧教育保健省 開口部

いこともあって、屋上に植えられた植物と地面から伸びてきた植物が混然一体としていて、注意していないと床が突然消えてまっさかさまというありさま。この住宅は、外と中をいったん切断するといった価値観とは真逆の立ち位置に現れます。エコ建築の先駆などと言ったら、またしても〈大きい矢印〉に回収されてしまいますからまずいのですが、ル・コルビュジエという人の自在さが到達した広がりを感じずにはいれません。もちろん、外と中は窓や壁で区切られています。でも、それは、つなぐことを前提とした切断です。当時のインドの技術水準を前提にしたであろう木製サッシは細かく分割されて通風や採光に応答している。なかでも丁寧な網戸の仕込みにビックリします。ここでは、すべてが流れてつながっていることを体験できます。亜熱帯の地で、子孫が住んでいるこの家には今もエアコンなどありません。「ミース・モデル」の彼岸は、すでに同時代のもうひとりのトップランナーによって生み出されていたのでした。

空調から逃れる

現在の建築を考える時には、たいがい空調があることを前提条件として設計します。本来は、真夏や真冬の寒暖のピーク時を緩和する働きを担うはずであった空調設備は、いったん成立すると暴走を始めます。空調設備の登場以前には、世界各地で、さまざまなプリミティブな、石油やインフラに頼らない仕掛けが存在していました。それらは、残念なことにほとんどが20世紀を通して空調設備に駆逐され続けました。でも、注意深く見渡してみるならば、まだ完全に失われてしまったわけではなく、現地に足を運んで体験することも可能です。寒さに対しては、例えば朝鮮半島の「オンドル」。済州島では、オンドル部屋と吹き放ちの空間が隣接して、ひとつの建物で見事に夏と冬の両方に応答した事例を見ることもできます（図3-10）。

暑さへの対応方法は世界各地に見られます。寒さには建築よりもまずは衣類（毛皮など）で対応できますが、暑いからといって薄着になっても限界にすぐ到達する、だから、暑さへの対処例の方がバリエーションがあります。分かりやすい例としては、中近東の湾岸エリアに見られる「風の塔」。「バドギール」（英語だとウインド・キャッチャー）（図3-11）と現地で呼ばれている風の塔は、インターネットで検索すればさまざまな最近のリサーチに接することも可能です。

イランやパキスタンのウインド・キャッチャーは、年中通して風向きの変わらない地域特性に応じたかたちが、街や集落の景観を生み出しています。バーナード・ルドルフスキーの『建築家なしの建築』（鹿島出版会、1984年）にそれらの事例を見ることができます。ガルフ・エリアでは、それらとはかたちが異なっていて、そのかたちは、海風と陸風に応答する必要から生まれています。風向きが変わるという前提では、工夫も高度化せざるを得ません。

図3-10　韓国済州島の建築 夏モードと冬モードの共存

図3-11　バドギール（風の塔）ドバイ

平面形は正方形。塔の中間部はバッテンのかたちで対角線に壁が入り、頂部は四周に開口がある。基部ではバッテンはなくなって上方から取り入れた風の吹き出し口になる。基部の床に水盤を張って冷却効果を求める事例もあります。このバッテン壁の由来は、どの方向から風が吹いても4分割された縦シャフトのどれかが役割交代しながら吸気と排気（風の正圧と負圧）に対応することからきています。これは使えると考えて、カタール・ドーハで大学の教養学部の校舎「Liberal Arts & Science College (LAS), Eduation City」（２００４年、図3-12〜13）の設計の際に取り込もうとしたら、写真で受ける乾いた印象とはまったく違って夏季には湿度が90％にもなるこの地では、空気中のバクテリアが問題で、フィルターを通さない外気は完全空調の前提では室内に入れられないとのこと。いろいろパッシブなフィルターを科学応用冷暖研究所の高間三郎さんと一緒に考えましたが、砂塵はともかくバクテリアとなるとうまくいかない。最後は半地下のパーキングエリア（外気）への通風と排煙を兼ねて採用し、室内への採用は見送ることになりました。それでも、見事に風が流れ、格好の涼しい休憩スペースになっています（現地で今見られるのはほぼすべてポストモダン的な装飾で、何の機能も担っていません）。ちなみにこのエリアでは冷房温度は17度くらいに設定されていて、私たち柔な日本人には寒過ぎます。バドギールの下にいて涼むくらいがちょうどいい。キンキンに冷えた室内で続くワークセッションの合間には、小さい窓を開けて暖をとっているありさまでした（外気温は50度です）。

図3-12 LAS

図3-13 LAS 中庭に建つ風の塔

灼熱の産油国でエネルギー垂れ流しなのは、まあしようがないとして（とは言ってもこれらの国の現在のクライアントは、「それじゃあバカに見える」というわけでもないのでしょうが、環境性能にはとてもうるさく、あとで付き合ったドバイのクライアントたちは北米基準のLEEDのプラチナム水準まで求めてきました）、あるいは、中央アジアの高地の冬などの極寒の地はともかくとして（これについては後で「UCAプロジェクト」のくだりで触れますが、夏は標高２０００ｍの乾いていて日陰に入れば30度でも快適、でも長い冬はマイナス20度が続く寒暖差50度の土地）、日本などアジアには、快適な季節がある。そんな季節には、室内より外が気持ち良い。しかも歴史に育まれた知恵もある。それなのに、20世紀後半のパラダイムである「ミース・モデル」を続けていいはずはありません。無理がある上、快適でもない。おまけに電気を食って原子力発電所が増え続けたのがバブル崩壊（１９９０年）以降の日本だったというのはどう考えてもおかしな話です。でも、これまで気付きもないまま、そういうことになっていたのでした。

外と中がつながってしまう：ブラジルの近代建築

最近、初めてブラジルに行きました。ブラジルといえばまずはオスカー・ニーマイヤー。そのニーマイヤー以降にどんな建築があるのか、興味深い。行ってみたら、ニーマイヤーにもすごい建築はいっぱいありましたが、とりわけジョアン・ヴィラノヴァ・アルティガスの「サンパウロ大学建築都市学部棟」（図3‐14）はすごかった。この建築のすごさはいっぱいありすぎて、スタジオを受け持って教えている横浜国立大学大学院／建築都市スクール Y‐GSA で「再読」としてそのままスタジオ課題にしてしまったくらいです。

巨大な、というのがおおげさでないくらい大きいホール空間が、建築の中央にあります。屋根は大スパンのコンクリートの格子梁で、全体にスカイライトが嵌めこまれています。訪れた時には、改修に備えてその下全面にブルーシートがかけられていたのが残念でしたが、その乱暴な維持の仕方の元でさえ建築の空間には揺るぎがない。都市の広場のようにそこに群衆が集まっている有名な写真のある空間です（図3‐15）。訪れた時も、この空間から吹抜けで1段下がった地下1階のホールホワイエの石畳は、まさに外部の石畳を清掃するように水をまいて清掃中でした。

この建築のエントランスには、扉というものがありません。全体としては窓があってガラスも入っているのですが、入口が「破れて」います。気候条件が穏やかなことはもちろんですが、外と中は区切るんだという前提でそれ以外に半外部をどう用意するかというような建築思考に飼いならされてしまっていると、この建築にはこの広場のような空間に面して配置される小さい部屋しか内部にはないことになります。広大な製図室は最上階でひとつ屋根の下、天井までは届かないコンクリートの自立壁で分節されているだけですから、空気環境的にはそこも外部です。外壁が2重に

図3-14　サンパウロ大学建築都市学部棟

図3-15　サンパウロ大学建築都市学部棟

なっていて空気が流れる仕掛けがある。何と言うか、おおらかでインフラのような建築だと感じた次第です。

ニーマイヤー自身も同じことをやっています。例えば有名なブラジリアの「アルコス・パレス（外務省）」（1962年）。この建築のブラジリア全体の都市軸である広場に面した迎賓館のような棟も、広場側はセキュリティも含めて完全に外と中は区切られているのですが、事務棟に面する側では、建物が切断されたかのように一面が完全にオープンです。何かの時には閉じられるように、などというものではなく、言ってみれば直方体のひとつの面は閉じていない（図3-16）。

ここで重要なのは、どちらの建築も大変快適だったということです。目標をどうやって達成するのか？　ミースのガラス建築とブラジルのニーマイヤーは時代的にはそんなにタイムラグはありません。一見ミース風に見える同じニーマイヤーの「ブラジル国会議事堂」（1958年）の真ん中の2本のタワーでさえ、写真では気付かなかったのですが、西面には全面的に縦ルーバーが装備されていて、あの強い軸線上の要の建築であるにも関わらずシンメトリーではないのです（図3-17）。頭より身体。ブラジリアをはじめとするニーマイヤーの建築では、全面ガラス壁面と全面ルーバー壁面は、等価に取り扱われているようです。誰も環境建築やサステナビリティなど言っていなかった時期に、さすがル・コルビュジエ監修のもと「旧教育保健省」を設計しただけあって

図3-16　アルコス・パレス

図3-17　ブラジル国会議事堂

ニーマイヤーはル・コルビュジエの教えを完全に会得していたと言えるのかもしれません。そのふたりが、戦後ブラジリアとアーメダバードというまったく異なる場所で、ともに環境に付き合っていく先進事例をモノにしていたのは興味深い事実です。

外で過ごすこと　堤防の図書館

ある年、アートディレクターの北川フラムさんから電話があって、越後妻有アート・トリエンナーレで、オル・オギュイベというマンハッタン在住のアフリカ人アーティスト・哲学者のプロジェクトに加わることになりました。オギュイベは、サイトである新潟県中里村の日本一長い信濃川の堤防を訪れた際に、ＪＲ東日本によって東京の山手線を動かす水力発電の取水のために水がほとんど流れていない川を見て、そのことの不自然さにショックを受けると同時に、中里村に図書館がないことから、自身が育ったアフリカの村に図書館がなかったことを追想し、アート・トリエンナーレ期間中のテンポラリーな図書館をつくるというファースト・スケッチを残していきました。

そのスケッチは、そこから何か建築を作るというのはとても無理な簡単なものでしかなかったので、会期中の50日間のために、完成まで50日、予算50万円で図書館を考える「中里村図書館ファーストステージ」というプロジェクトが突然始まったのでした。

図3-18　中里村図書館ファーストステージ

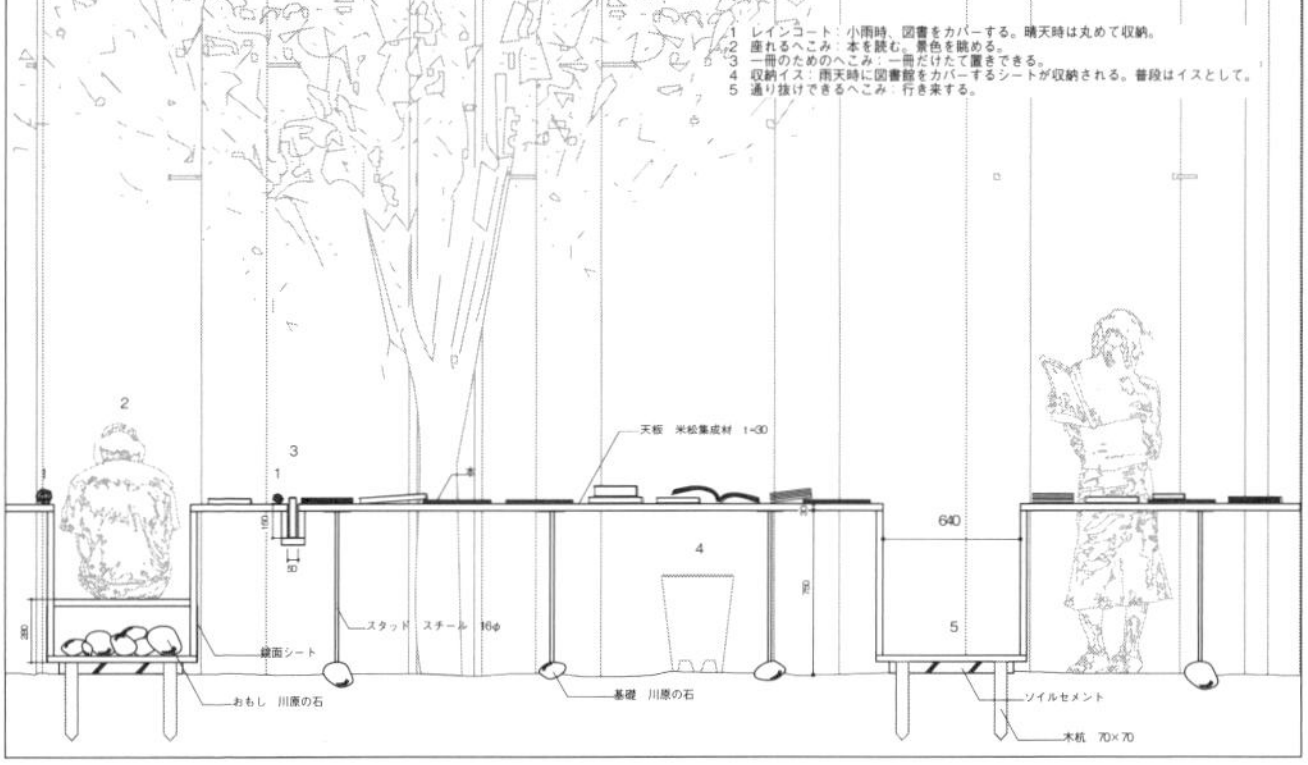

図3-19　中里村図書館ファーストステージ 詳細図

現地を訪れてみると、敷地である堤防は、日差しは強いものの木立ちのおかげで木陰もあり、風も微風程度で気持ちが良い。雨さえ降らなければ、夏の信濃川の川辺りの木陰で本を読むのは、素晴らしい。一方で、予算からは、どんな小さなものであれ、小屋を作るのも難しそうです。そんな中で学生たちと一緒に何ができるかを考えて生まれたのが、１００ｍの折れ曲がるカウンターというアイデアでした。

内部空間は存在しない、家具だけの図書館。本箱もない。代わりに折れ曲がった所に本をスタックし、あとはカウンターの上に平置きで並べる。雨が降ってきたら、折れ曲がった所に本を急いで詰め込み、備え付けてある巻いたビニルシートを小さなレインコートとして広げて本だけは雨をよける。本降りになってきたら周囲に散りばめてあるスタルクデザインの椅子の中に収納してある大きなビニルシートを全体に被せてその日は閉館です。トリエンナーレのボランティアの人手に依存した、極めてプリミティブな図書館の誕生です（図3-18〜19）。この図書館の体験で、気持ちの良い季節には木漏れ日と風、水の音といったさまざまなものが流れている外部にいるほうがいい、という素朴なことを実感しました。この体験が、のちに〈雑木林の中を歩き回るような空間〉につながっていきます。

第４章　Cultivate 耕すように建築する

旧市街の町屋の更新モデル：ハノイ　ベトナムでの体験1

ハノイで「高密度居住をどのようにローエミッションで達成するか」を考えるチームに加わってから、足掛け10年近くベトナムに通うことになりました。１９９８年が最初ですから、ちょうどベトナムの路上に、まだ自転車が圧倒的だった最後の時期となります。ビールやコーラがいつも冷えているなどと思ってはいけなかったのを思い出します。建築でいえば、このころにはまだアルミサッシが貴重品で、木製建具がスタンダードでした。エアコンはまだまだ希少で、最高級のホテルやレストランはともかく、普通の街中ではあまりお目にかかれない。それでも、注意深く見ていると徐々に中国製のエアコンが増えつつある時期でもあって、このまま、1haに１０００人もの人が住んでいる低層のダウンタウンがエアコンだらけになったら、ヒートアイランドどころではない暑さになるというのは簡単に予測されました。

ディープなアジアを堪能できた当時のベトナムは、旅行をするだけなら幸せな場所でした。しかし、調査を経て、実物の建築を作るとなると旅行者にはあまり関係ない、共産主義政府相手の交渉などの違った側面に、いやというほど接することにもなります。

ハノイで一番古いエリアは、「36通り地区」と呼ばれています。仏壇屋さん通り・お菓子屋さん通りなど、売られている商品で36本の通りが集まっていることから生まれた通称です。全体で１km

角より少し小さい84haくらい。エリア全体を徒歩で動き回ることが可能な大きさです。

36通り地区の大きな特徴は、間口が2・5m〜3・6mくらいの店舗付住宅（＝ショップハウス）がエリア全域を埋め尽くしていることと、その狭い間口のショップハウスの奥行きが最大だと80mを超えるという点です。街区そのものが割合大きく（一辺200m近くの場合もある）、京都の町屋とは違って四周から奥に向かって陣取りをするように延びていった結果、そのような不思議な敷地割りが生まれました（図4-1）。古い地図を見ると街区の真ん中は池だったので、本当に陣取りしていったのだということが分かります。ちなみにハノイは、漢字表記だと「河内」となります。今でも大きな池がたくさんある。雨季には、年に一度くらい膝くらいまで街中が冠水しますから、街区ごとに池があるというのは、この場所で街を作る時に流れに逆らわない知恵だったのだと思われます。

世界でもまれな低層高密度は、この細長い街区割で可能となります。通りに面して奥行80mにもなる町屋を全部縦にすると80mの高さのペンシルビルが並んでいるのと同じですから香港の旺角《モンコク》と同じです。高密度の加減が分かるでしょう。

通りにはものすごい密度で自転車やバイクが行き交い、喧騒そのものなのですが奥に入っていくと驚くほど静かです（図4-2〜3）。「夏至」（トラン・アン・ユン監督、2000年）という映画は、この街を舞台としています。映画を支配する静けさは、フィクションではないのです。

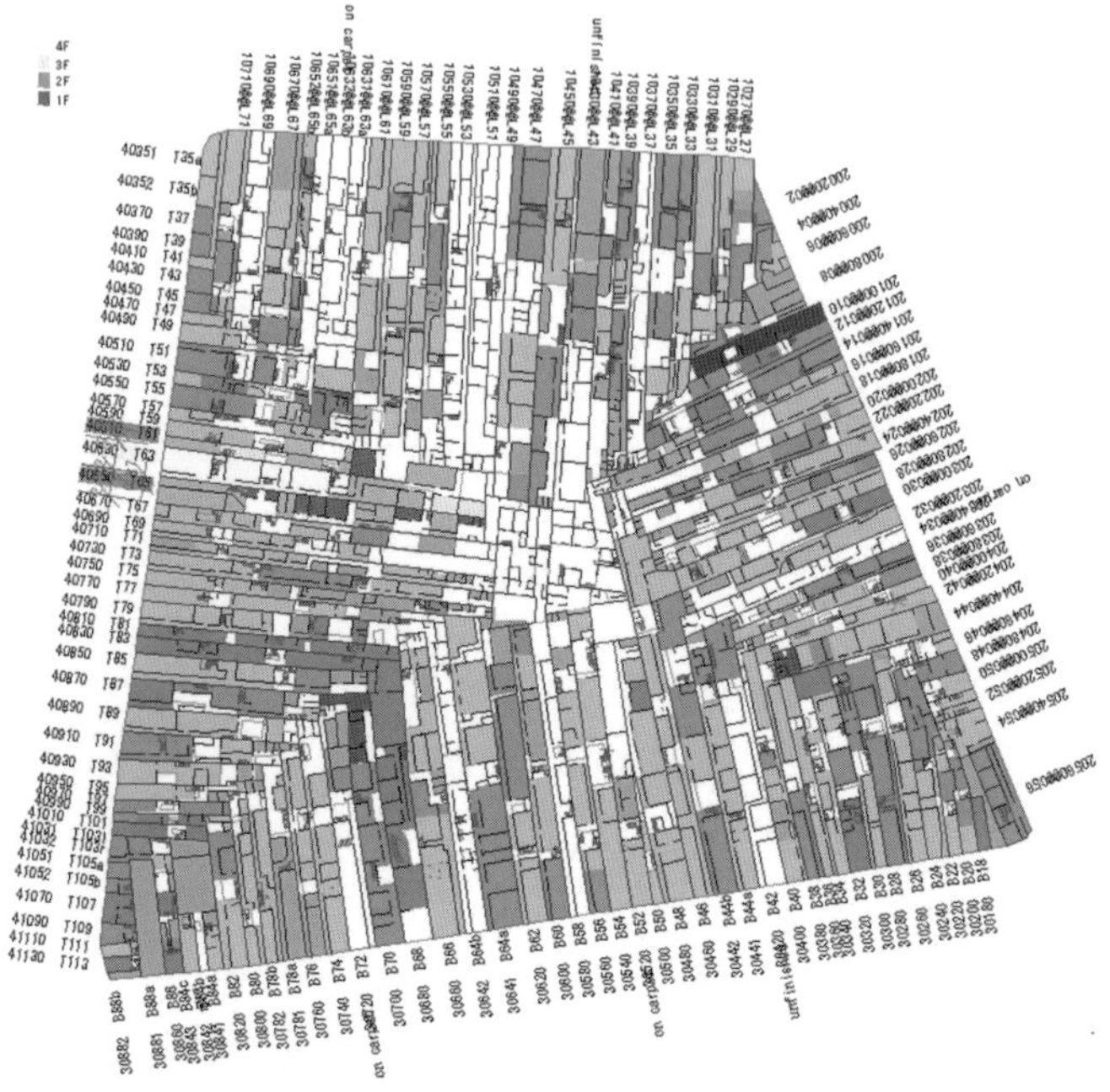

図4-1　ハノイ36通り地区　調査対象街区の敷地割り+平面図
短冊状の細長い敷地が街区中央に向かってせめぎ合う

図4-2　ハノイ 36 通り地区路上　バイクと自転車がひっきりなしに流れる

図4-3　リノベーションされたかつての町屋　開放的で風通しもいい

私たちは、2年かけて、この街で一番大きい街区のすべての家・すべての部屋を調査しました。店の脇に、幅80㎝程の奥へ入っていく入口があるのですが、たいがいおばあさんが椅子を置いて入口脇に座っていて中には入れてくれない。だから、地区の人民委員会に許可を取って、許可が出た家から中に入る。もともとは中華系の街で、大家族が各々のショップハウスに住んでいたのですが、ベトナム戦争で家をなくした人たちを政府がここに割り当てたため（元のオーナーにまず道路側でも一番奥でも好きなところを選ばせて、残った所に他人を割り付けた）、今は集合住宅化しています。オリジナルは、中庭を何度も挟んで京都の町家同様の方向で屋根が架かる形式の、風が抜ける快適な住居だったのですが、今は高密度化して中庭もふさがれ、通路は照明を点灯しないと真っ暗で奥へ入っていくのもちょっと怖いくらいです。当然、快適さも何もあったものではありません。私たちのプロジェクトは、この高密度（1000人／ha）を維持したまま、4階建てで風が抜けプライバシーも確保できる新しい「町屋」のモデルを提示するというものでした。

町屋の建て替えのモデルですから、材料や構法も現地で普及しているものを用いることが前提です。施工するのは、日本でいえば大工さん。職人たちが敷地に住み込んで料理・洗濯をしながら工事もやっています。また、ベトナムには建材のカタログなどありません。建材はすべてオープンマーケットで、建材通りに出掛けて行って買い付けることになりました。

このように、設計には、まだ萌芽的な、大学の研究所で用いられていたCFD解析技術を用いつつ、その実証はローカルな技術と材料だけで施工した建築で、竣工後にデータを取ってシミュレーションの精度を確認するというこのプロジェクトは、結果として〈耕すように建築する〉とはどういうことかを私たちが初めて学ぶことになったプロジェクトとなりました。また、1章でも触れたように、ここで風の解析と結果が見事にシンクロしたことで、その後CFD解析を実際のプロジェクトにどんどん用いる発端となったプロジェクトでもあります。

砂漠とイスラム――ドーハ

カタール・ドーハというペルシア湾岸でのバドギール（ウインド・キャッチャー：風の塔）については、すでに書きました。このプロジェクトは、磯崎新さんがマスタープランを設計した「エデュケーション・シティ」のキャンパス内にある「LAS」という教養学部棟の建築です。

サハラ砂漠の入口にあるガルダイアに行ったころから、砂漠とイスラム文化の両方の魅力に取りつかれていた私にとって、実際にイスラム社会の砂漠とまではいかないけれど土漠の中に建築を設計できるというのは夢のようなチャンスです。1年のうち雲が出るのが数日、後は強い光線にさらされる場所。雨は数年に一度しか降らず、その時にはものすごい量がまとめて降るので大きな建築が浮き上がらないように考えておく必要がある（これには半地下駐車場に水が流れ込んで重しになるという設計で応答しました）という極端な場所。写真で見ると乾ききっているのですが、実際には湿度が90％もあり、地面をちょっと掘ると水が出てくる地下水位の高い土地でもあります。なんでこんな過酷なところに人は住んでいるんだろう、と考えさせられる所です。過酷な所で生き延びてきたからかどうか、カタール人は押しなべて体格がいい。秋田県ほどの大きさの国土に石油と天然ガスが大量に発見されて以降、当時で人口わずか15万人しかいないカタール人が45万人の外国人を使役しているという、人為的な構成の国でもあります。

マスタープランは、地盤が良くない故、建築は2階建てまでの低層を基本とすること、強い日差しに対してシェードを屋根や外壁に纏うこと、各建築には、磯崎新さんによるモニュメントを設置する場所を用意することを規定しています。ランドスケープは、湾岸諸国でよく見られるような、散水装置とセットで緑で埋め尽くすのではなく、砂漠をモチーフとした乾いた風景を少ない緑で演出するという方向です。

設計を始める前に、地元の工場などを調査しましたが、ローカルな特性をもつ素材や技術といえるものはほとんどありません。唯一、アラベスク模様の透かし彫りをGRC（ガラス繊維補強セメント）で作っている工場を見つけ出したので、この技術を使って、準結晶パターンの外壁シェードを作りました。（図は71ページ）

このプロジェクトの場合は〈耕す〉とまでは言う必要はなくて、モダニティを前提としたリージョナリズムというくくり方でいいように思います。もちろん、地域や場所のコンテクストは十分に読み取っています。一方で、お金持ちの国カタールでは、技術も材料も世界中から輸送可能だし、ガルフの半島の小さな国の中にはほとんど何もないからそれが前提でもあるのです。

空間の構成は、リバウンドした自然光に満たされた2層吹抜けのＦＬＡ（Flexible Learning Area）を縦横に埋め込んで、イスラムの都市やマーケットのような空間を建築の中に埋蔵しています。エンドユーザーに想定されたアメリカの大学のファシリティ・アーキテクトとの打ち合わせでは〈黒／白〉をそのまま〈Black/White〉と直訳して使ってみたのですが、相手側が「こんな便利なやりかたがあったのか」と言っているのにはこちらがびっくりしたぐらい、すんなり受け入れられて議論に用いることができました（図4-4〜5）。

当初の想定とは異なって、新しくこのキャンパスにやってくるさまざまな大学が、その大学の担当する学部の校舎が完成するまでの期間この建築に間借りするという運用がなされているため、いつも4つくらいの異なる大学が同居して内部の増改築がなされています。〈黒／白〉の構成の強靭さを実証しているとも言えますし、都市の状況そのものを内包していて面白いとも言えるのですが、さすがに延々そういう状況が続くので、今、初期状態に戻しながらエンドユーザーの同居も可能になるようなシステムを組み込んだ改修設計の検討が始まろうとしています。

図4-4 LAS 内観

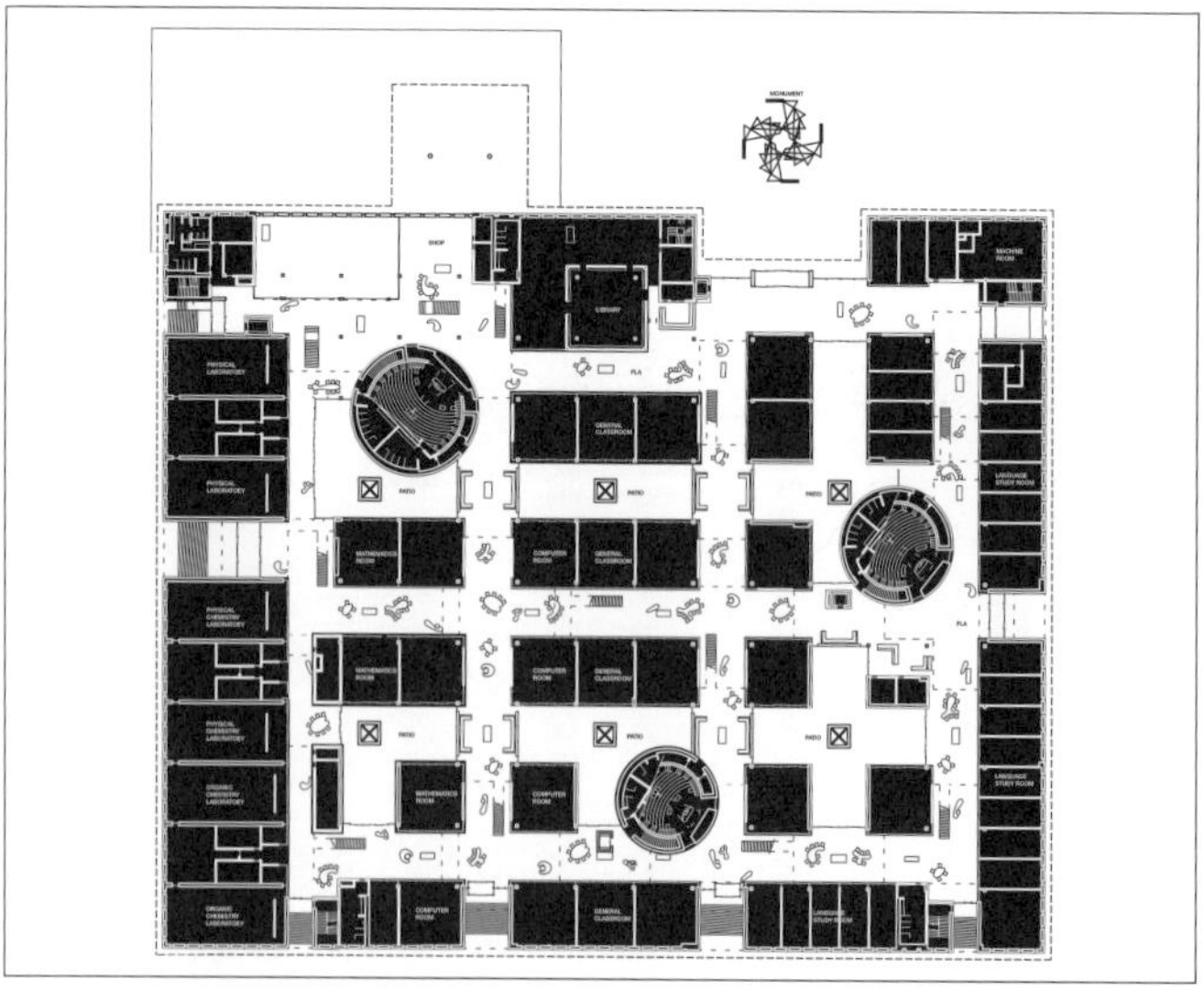

図4-5 LAS 内観〈黒／白〉平面図（1 階）

敷地に建築を〈すべりこませる〉——ホーチミン・シティ　ベトナムでの体験2

　ハノイのプロジェクトが完成して間もなく、今度はホーチミン・シティの2つのコンペに参加することになりました。「HUA」と「サイゴン解放新聞社（SGGP）新本社ビル」（2006年〜）です。ベトナムは南北に長い国で、北回帰線のほぼ直下のハノイと、北緯10度のホーチミン・シティでは気候も文化もかなり異なります。ハノイには短いとはいえ冬があります。2月にはダウンジャケットを着てバイクに乗っている。雨季の湿度はかなり高い。一方のホーチミン・シティは乾季雨季はあるものの、雨季でもスコールが通り過ぎると晴れ渡るので、ジメジメした感じではありません。植生もかなり違います。ホーチミン・シティ市内の街路樹は、高さ40mくらいある。「HUA」の敷地は郊外のメコンデルタの川に囲まれたエリアで、新キャンパスだから敷地も広い。一方「SGGP」は、市街地の中心部でタワーオフィスの提案を求められました。

　私たちは、この両方のコンペに、各々異なるかたちではありますが、冷房に依存しないプロジェクトを提案し、両方で一等になりました。「ハノイモデル」を経た後ですから、風の解析もFluidをどう取り扱うのかも確信をもってやっています。

　ホーチミン・シティの人たち（ベトナムの、と言ってもいいでしょう）は、なぜか冷房がそんなに好きではないようです。位置的に近いシンガポールなどとはだいぶ違います。2003年ごろ、すでに市内のカフェには、オープン・カフェにミストを吹いてクールダウンしているゾーンと室内の奥の方で冷房の効いたゾーンの両方があったのですが、奥はガラガラ、オープン・カフェがにぎわっていました。夕方には、川面から来る涼風を求めて、多くの市民が川岸へ出掛けていく。川岸を利用したしゃれた高級なレストランなどもあって、こちらもオープンエア。ここでは、多くの人たちが、風や水（クールダウンも含めて）といったFluid（流れるもの＝〈小さな矢印〉）を楽しむ術を心得ているように見えました。

「SGGP」は、タワーオフィスですから窓を開ければもちろん風は入ります。でも、それだと机の上の紙類が全部飛ばされてしまいます。道路から上がってくる車やバイクの騒音、それに煤煙も何とかしたい（市街地ではみんなマスクをしたりスカーフを巻いたりしてバイクに乗っているくらい空気が汚れていました）。そこで、高層部には、エア・チューブという、3～4階下で取り入れた空気を垂直方向に動かす中で風速を落としながら埃や音をフィルタリングする仕掛けを取り入れました（図4-6）。室内に入ってくる時には、紙が動かないくらいの微風になっているというわけです。これをコンピューターで解析して、プレゼンテーションでビジュアライズして見せる。冷房も実装していますが、あまり運転しなくても快適に過ごせるというデザインです。窓のデザインが建築全体と一体で立面を形成しています（図4-7）。

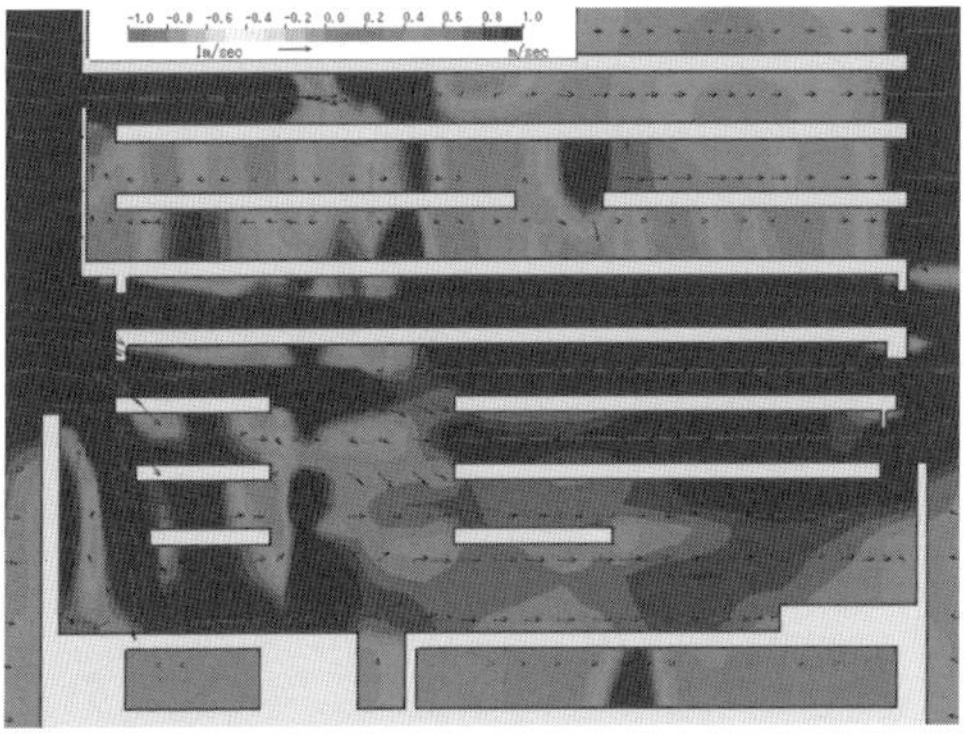

図4-6 SGGP 断面のCFD解析図

図4-7 SGGP 立面図 エア・チューブが視覚化されている

強い太陽の直射を制御するダブルスキンを取り入れたり、たいがいのオフィスが夕方で仕事を終えてしまうホーチミン・シティの中にあって「新聞社故、深夜まで働いていて照明が点いていることを使ったデザイン」など、光も重要なFluidとして扱っています。

さて、このプロジェクトですが、共産主義国ベトナムで、この伝統ある新聞社は、中国の「人民日報」のような存在です。私企業ではなく、公共の建築。そうなると市政府や人民委員会など、あらゆる所がもっている許認可を全部クリアしなくてはならないのですが、これがまた外国人の私たちはもちろん共同しているベトナム人建築家にさえ分からないような仕掛けになっているのです。挙句に、私たちの提出した模型が現在の本社ロビーに展示されているというのに、実際のプロジェクトは2位だったチームが進めているというわけの分からないことになりました。何年かのちには、さんざん働かされた後にその2位チームも放り出されたらしく、プロジェクトは凍りついたままのようです。

もうひとつの「HUA」は、郊外の、自然のただ中の敷地です。最初に敷地を訪れた時には、延々蛇行する川から船で敷地を探したのですが（というのも敷地は雨季には冠水してしまい、乾季も陸からはたどりつけない場所だったのです！）、結局、正確には「ここだ」とは確定できませんでした（図4-8）。蛇行する川の岸辺を船から見ているとどこもここも同じに見えてしまう。岸辺はマングローブで、その奥は果物などの畑になっています。畝の頂部だけ雨季にも水没しないように出来ている。メコン川の水位変動幅はカンボジアのトレンサップ湖では10ｍを超える所もあり、カンポンプロック村などの不思議な風景をかたちづくっていて有名です。下流のこの辺りでは２ｍ程度と変動そのものはそこまで大きくないのですが、いかんせんエリア全部が低平地で雨季には盛土されている道路以外は全部冠水するありさまです。建築のプロジェクトに乗り込んだはずが、まずは「敷地をどう作るか」から考えないと始まらない。マルグリット・デュラスの『太平洋の防波堤』（河出書房新社、２００６年）といった小説が思い起こされる土地なのです。

もちろん20世紀的な〈大きな矢印〉的方法は普及しています。川底から砂を大量に汲み上げて盛土するというもので、工業団地などを郊外に造成する時にはたいがいこの方法を用いています。結果として出来上がるのは、世界のどこにでもあるような均質でフラットな土地。そんなやり方で開発されたエリアだけは、全然ベトナムらしくない風景になってしまいます。普通は、建築家はこのように造成が完了するかその直前になってから呼ばれることになります。しかし、この「ＨＵＡ」のプロジェクトはそれとは違って、敷地をどう扱うかを考えるところから考えられるコンペでした。私たちにとっては、「開発」ではなく、〈小さな矢印〉の読み込みと編集の積み重ねで〈耕す＝Cultivate する〉ように建築することを意識的に実践した初のプロジェクトです。水や風との付き合い方を探すことから計画が始まります。

北緯10度は熱帯です。私たちは、熱帯地方の大都市の郊外で、未だ自然の（正確には農業の）風景が維持されているメコンデルタのへりに、ほとんど冷房を用いない新しいキャンパスを提案しました。川面を渡ってくる気持ちの良い風を最大限利用します。川と水際は自然のまま保持し、コンパクトなメインキャンパス部分以外は盛土しない。ということは雨季には学生寮などのゾーンの地面は水没するわけですが、それでも機能が損なわれないように、配置とレベル設定を工夫します。この場所には季節と時間によって異なる3つの卓越風があり、だいたい風速４ｍくらいの風が年間を通して吹いている。これをうまく取り込めればかなり快適な環境になります。ただ、3方向というのはかなり取扱いがやっかいです。

求められている新キャンパスは、６学部（建築・土木・都市計画・インダストリアルデザインなど）と図書館・ホール・食堂・スポーツなどの共用施設、学生寮で、当初から６０００人が生活しながら学ぶことになる10万㎡を超える建築です。ベトナムは、フランス植民地だったので、建築教育は当時のフランスのアカデミー、エコール・デ・ボザールから引き継がれた5年制で、エンジニアリングとは独立した建築家教育が行われています。この大学の教授陣は、多くの現代建築家を輩出する日本の建築教育が工学部でエンジニアリング教育とセットで行われていることから、日本のやり方にも興味をもち、教育プログラムそのものも併せて提案していいということがコンペの要綱に記載されていました。それを受けてエンジニアリングとデザインを融合させるカリキュラムを

図4-8　HUA 敷地

図4-9　HUA 全体模型

提案したことと、激しいスコールの降っている間は短い時間とはいえ外の移動はほぼ無理という現地の気候から、私たちはメインキャンパスのすべての建物がひとつながりに渦を巻くようにつながっている低層の提案を作り出しました（図4-9）。

ちょっと考えてもらえば分かることですが、風通しということからは、このような配置計画は具合が悪い。パッと見、風通しが悪そうに見える。実際に風解析をしてみても3方向の風に各々応答するというのは、なかなかうまくいきません。延々トライ・アンド・エラーを繰り返す中で、だんだん模型に指を当てて動かすだけでコンピューターのはじき出す解析結果を予測できるという技を習得するに至ったという次第です（図4-10〜11）。

「開発」ではなく〈耕す〉んだという姿勢は、他にもさまざまな決定に広がっています。一例を挙げると基礎の造り方で、砂地の軟弱地盤に対して、オーガニックパイルという植物繊維（ヘチマなど）で作った杭を打ち込んで地盤の中の水を土圧の力で水抜きして、結果として地面を締め固めるという方法です。植物繊維は、そのうち有機分解されて消失するから、地中の生態系にも影響を及ぼしません。

このプロジェクトは、素晴らしい自然の中で、かなり大規模なものだったことで、これまであまり正面から考えてこなかったイシューに対する態度表明を問われることになったプロジェクトです。それまでも、敷地に立って、コンテクストを読み込むということは当たり前にやってきたつも

図4-10 HUA 立面図

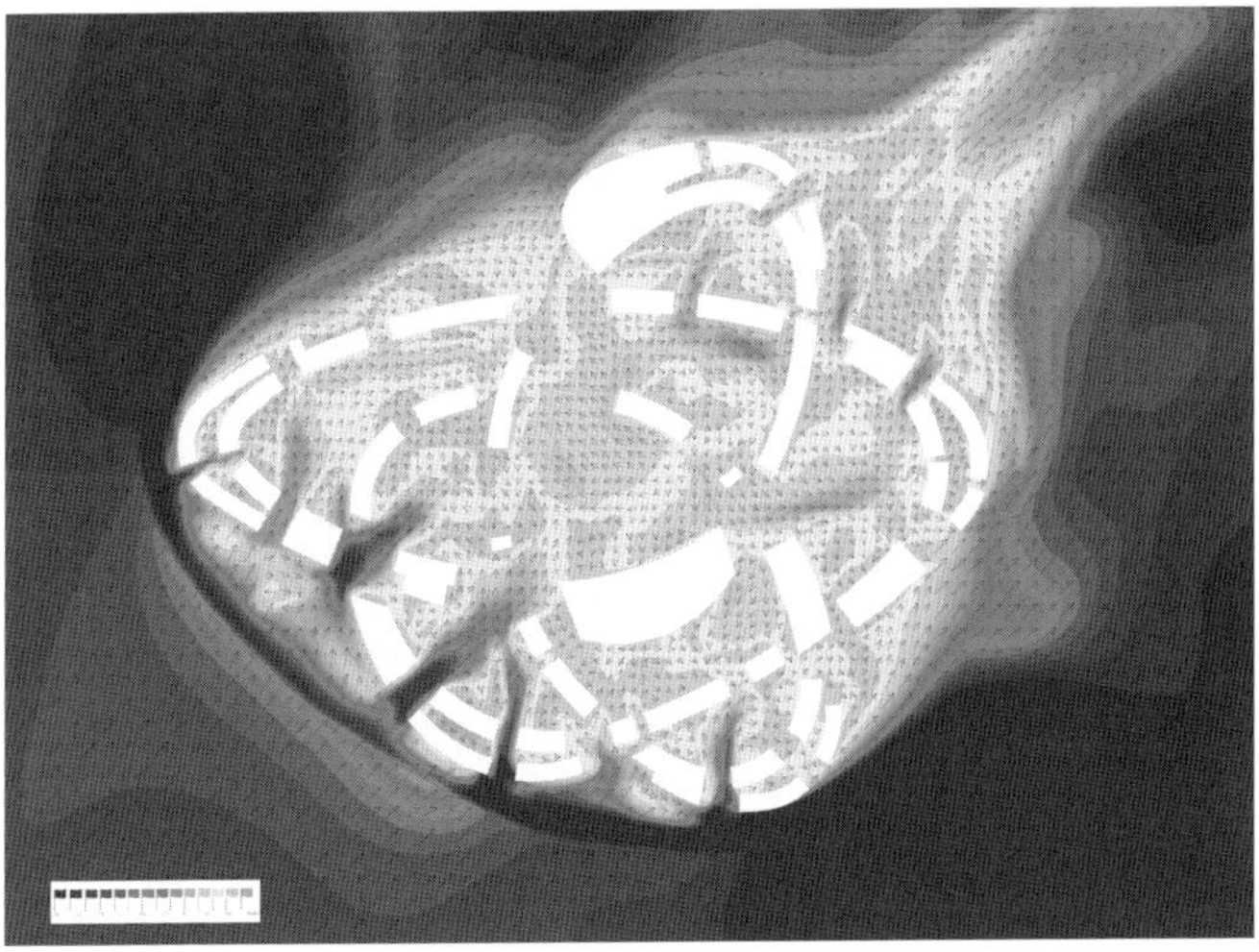

図4-11 HUA 風のCFD解析

りでした。でも、ここでは、身体を置いて全身で「耳をすませる」ことで、どうやって大きな建築を自然の中にすべりこませるのかを考え抜きました。

それが〈Cultivate〉する態度で、水や風・アクティビティ・光といった〈小さな矢印〉を敷地の中に重ね合わせて、一つの建築案にまとめ上げていくことにつながりました。

さて、このプロジェクトですが、残念なことに基本設計を終えたところで氷漬けになっています。大学の中の建築系と土木・都市計画系の教授陣の対立といった直接的なこともありますが、国家のAランクプロジェクトのひとつである大規模プロジェクト故に、共産主義政府の意思決定方法が何ともはっきりせず、予算が付かないままになっています。ベトナム以外の国で評価されて国際的な賞もいただくに及んで、ベトナムの別の複数の大学から、「HUAがあの案を実現しないのなら、うちの大学でそのまま作りたい」というオファーがある始末です。コピー&ペーストで別の場所に実現したのでは、この案の根底にある考え方の放棄になってしまうから笑えない話ですが、それがベトナムというまさに発展途上の真っただ中にある国の現実です。

ロジスティックスから考え始める――ナリン(キルギス)

シルクロードの中ほど、中央アジアのカザフスタン、キルギス、タジキスタンの、各々首都からはかなり離れた中国やアフガニスタンの国境近くに、まったく新しい大学「ＵＣＡ」を、３キャンパスで１大学として建設するというプロジェクトは、アガ・カーン殿下が磯崎新さんに声を掛けたところから始まりました。磯崎さんから、カタールに続いて私たちにも声が掛かり、大きなチームの中で、キルギスのナリンキャンパスのマスタープラン（大学の校舎のほかに管理棟、寮、教職員用の住宅、食堂、パワープラントなどがあり、全体は小さな町のようなものになる）と各キャンパスのアカデミック部分の建築を担当することになりました（図４-12）。

まずは敷地を訪れるところから始まるのは、どのプロジェクトも同じことなのですが、今回は３敷地を急ぎ足で回るだけで10日はかかります。どの敷地も、地形上の特異点と言っていいような際立った特徴がある所が、シルクロード、中央アジア山岳地域の広大な風景の中から選び出されていました。ナリンの敷地は川に沿った４㎞に及ぶ谷全体です。眼前には「レッド・マウンテン」と設計チームで呼んでいた、高さ２００ｍくらいの絶壁が続きます（図４-13）。コログ（タジキスタン）は、川を隔てた向こうはアフガニスタンという場所で標高は２６００ｍ。ここに着いて泊まった宿から正面にそそり立つアフガンの山を月夜に眺めてビックリしました。空気が薄いためなのかどうか、岩山が垂直にエレベーションとして現れます。そのシルエットが、まるでルネ・マグリットの描いた鷹が山のシルエットになって凍り付いている「アルンハイムの地所」そのものです。ヨーロッパを旅行していると、例えばローマに近い山岳都市カルカータは「ピレネーの城」という、頂部に城が載った浮かぶ巨岩の絵そのもののように山中に現れるなど、マグリットの描くシュールレアリズムの「ありえない風景」が意外にも実在するのだなと思っていたのですが、彼がこの場所まで来たはずはありません。改めてこの画家のもっていた想像力の飛距離に感じ入った次第なのでした。

話を戻します。旅行で来るのさえ大変なこんな場所に、1キャンパス10万㎡を超える、大学だけではなく寮や食堂、宿泊施設、スポーツ施設まで含まれる小さな街を作ることは、本当にできるのでしょうか？　ローカルな建物はソビエト連邦時代のプレキャストコンクリート造か日干し煉瓦や石の組石造なのですが、この地域には震度7クラスの地震があり、しかも水平動だけではなく垂直動でも襲ってくることが分かっているから、どちらもそのままでは使えません。現代の技術をどのように最小限用いることで安全を確保し得るのか、またそうした技術と材料はどうやって現地に運び込むのかが、デザイン以前に議論されることになりました。シルクロードの真ん中ですから道はあるのですが、現在の技術や素材が入手できるのは、東だと上海、西だとイスタンブールからとどちらもはるか彼方です。

結果は、探し続ければいろいろな技術や構法が世界にはあるんだということが分かりました。例えばカナダの技術で、アフリカのサバンナなど世界のどこででも、大げさなものを持ち込まないで、トコロテンのように高強度のボイドスラブのプレキャスト板を作ることができたり、さらにそれを冷暖房の配管にも使えるという。チームのメンバーで手分けして、冷房事例はドバイ、暖房事例は

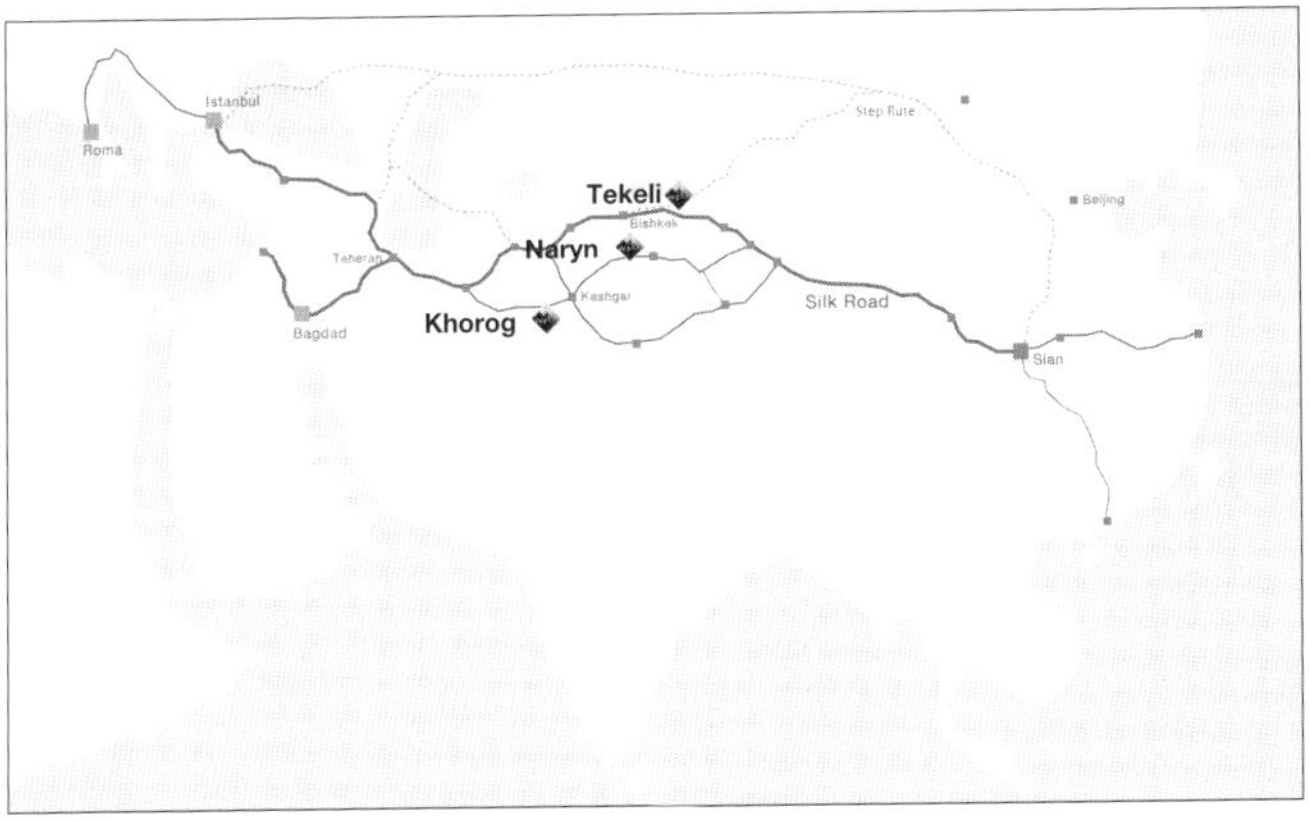

図4-12 UCA シルクロード沿いの3か国3敷地 3キャンパスの敷地はシルクロードのなかほどにある

図4-13 UCA Naryn Campusの敷地 4kmの谷に200mの絶壁が立ちはだかる

北欧まで行って体感し採用に至るというように、数年間本当に世界中を飛び回ることになったプロジェクトです。このプロジェクトの内容は6章で触れることにします。

ブルー・ツーリズム――牡鹿半島

東日本大震災の後、Y‐GSAの学生たち＋大西麻貴さん（設計助手、当時）たちと一緒に宮城県石巻市の牡鹿半島にある鮎川浜に通って、復興の支援を続けています。この稿を書いている発災後2年半経った時点でも、浜は空っぽのまま、やっと土地利用計画のアウトラインが住民たちに示されようかという段階で、新しい街の姿が現実に姿を現し始めるまでにはあと数年はかかるでしょう。

この浜に関わることになった切っ掛けは、2011年7月に行われたアーキエイド（東日本大震災における建築家による復興支援ネットワーク）によるサマーキャンプ「半島〝へ〟出よ」。牡鹿半島の30の浜に、全国各地の大学の建築家15チームが主催するチームが5日間集中的に入って、被災地の現況や住民へのヒアリングを行い、住民たちが望む未来の浜の姿を模型とドローイングにまとめました。その成果はレポートとしてまとめられて石巻市にも提出され、その後の復興計画の原資料として活用されています。

7月というタイミングは、仮設住宅が完成して被災住民たちが避難所から仮設住宅に移った直後です。半島には宿泊施設などありませんから、空いたばかりの避難所（廃校になった学校）をベースキャンプにした活動です。シュラフに寝たのも随分久しぶりのことでした。

牡鹿半島は、平成の市町村合併までは、その南半分は牡鹿町という行政単位でした。鮎川浜は半島の中心となる街で、被災時の人口が約１４００人、捕鯨と金華山参詣の起点となる観光の街として栄えた最盛期には５０００人ほどの人口だったのですが、商業捕鯨禁止とともに人口が減り続けています。

３・11の津波では、街の中心部である低平地の大半が被害を受けました。旧町役場（現石巻市牡鹿総合支所）は高台にあって無事。住民の多くはその支所の駐車場や反対側の山裾などに上って無事で、人的被害はそれほどは大きくない。これは半島部の他の漁村にも共通で、石巻市中心市街地で、今回、津波で最も大きな人的被害が出ているのとは対照的です。

浜全体の1対１０００のスケールの模型（畳3枚以上の大きさ）を用意して被災した公民館の2階に運び込みました。他の小さな漁村と違って全住民に集まってもらってヒアリングするなど不可能な規模なので、キャンプ中防災無線で住民に呼びかけてもらって模型のある場所にやってきてもらい、ヒアリングを行いました（それとは別に学生たちと手分けして仮設住宅全住戸や各区長さん、漁協や観光協会、商工会へはヒアリングに出向いていています）。

模型には住宅やもっと小さな倉庫まで作ってあります。流された所は透明な板の上に建築を置くようにして、被災前と被災後の違いを見せられるようにしました。住民たちのさまざまなレベルの声をポストイットに記入して模型に張ってもらう。すぐに模型が見えないくらいの張り込みになるので、同寸の航空写真を壁に張って、どんどんそっちへ移していく。大きな浜ですから、住民同士がこの場所で初めて顔を知るといったことも頻繁に起こります。そんな中で、昔の写真を持ってきてくれる人もいる。そこから、今回被災した低平地は昭和50年代まではほとんどが農地だったということも思い出されてくる。当時は捕鯨の最盛期で人口が５０００人を超えていて、被災時の4倍近かったにも関わらず、です。

住民たちの声や地元行政の人たちのアドバイスを受けながら、徹夜で模型を修正して、堤防道路や高台住宅、港や商業地をかたちにしました。手描きのスケッチも多く描きました。コンピューターやプリンタが使えない環境だったからということはありますが、高齢者が多い半島部では大きな手描きの画はすごくよく伝わるコミュニケーションツールだということが分かった次第。キャンプ4日目にそれらの模型や絵を見せて、鮎川浜の住民たちの意見を聞きました。浜の人たちが何らか復興した浜の将来の姿を見たのはこの時が初めてです。そこで出た意見をさらに加えて徹夜で修正作業をして、５日目の最終日には全浜のプレゼンテーションと意見交換が行われました（図4－14）。

建築家や建築の学生は、敷地から手掛りを見つけ特性を読み出すといったトレーニングをしてい

図4-14 アーキエイド・サマーキャンプ 鮎川浜（Y- GSA）被災した浜を訪れ、
5日間で調査・ヒアリング・提案を行う

ます。模型や図面、ドローイングで設計意図を相手に伝えるのもお手のもの。住民へのヒアリングとなると個人差はありますが、意見をもらって案に反映するのも鍛えている。だから可能となったのがこの集中キャンプでした。被災者たちを相手に学生たちとたった5日間（実際には4日目の午後には第1案）で成果なんて出るのだろうかと、行ってみるまではかなり不安でしたが、ぎりぎり何とかなりました。Y-GSAでは、浜の人口が多いこともあって、このキャンプの成果をブックレットにまとめて、8月末には浜のキーパーソンに配布しています（図4-15）。

この後も、継続して鮎川浜の支援活動を続けています。そんな中で、驚くことが多々あります。サマーキャンプの時には、1年以内（次の夏）までには、何かはかたちになるだろう、どこかで復興の工事が始まっているだろうと、漠然と考えていました。復興案の素案を住民の意向を聞き出しながら作る時にも、施工に時間が掛からないやり方という意識は強くありました。だから、高台住宅地に関しても、造成を最小化しながら「軒を接するように建つ」ことが可能な配置などをサマーキャンプの時から提案しています。でも1年が経過し2年が経過しても、まったく目に見えたかたちでは進みません。浜の全体像についても、住民のうち代表者たちが、「鮎川連絡会」という形式で集まってサマーキャンプの次に絵を見たのは10カ月後の2012年5月（図4-16）。行政や土木のコンサルタントは、相当な業務を進めているのですが、それが目に見えてこない。また、土木

図4-15 『鮎川浜リサーチブック』（Y-GSA）

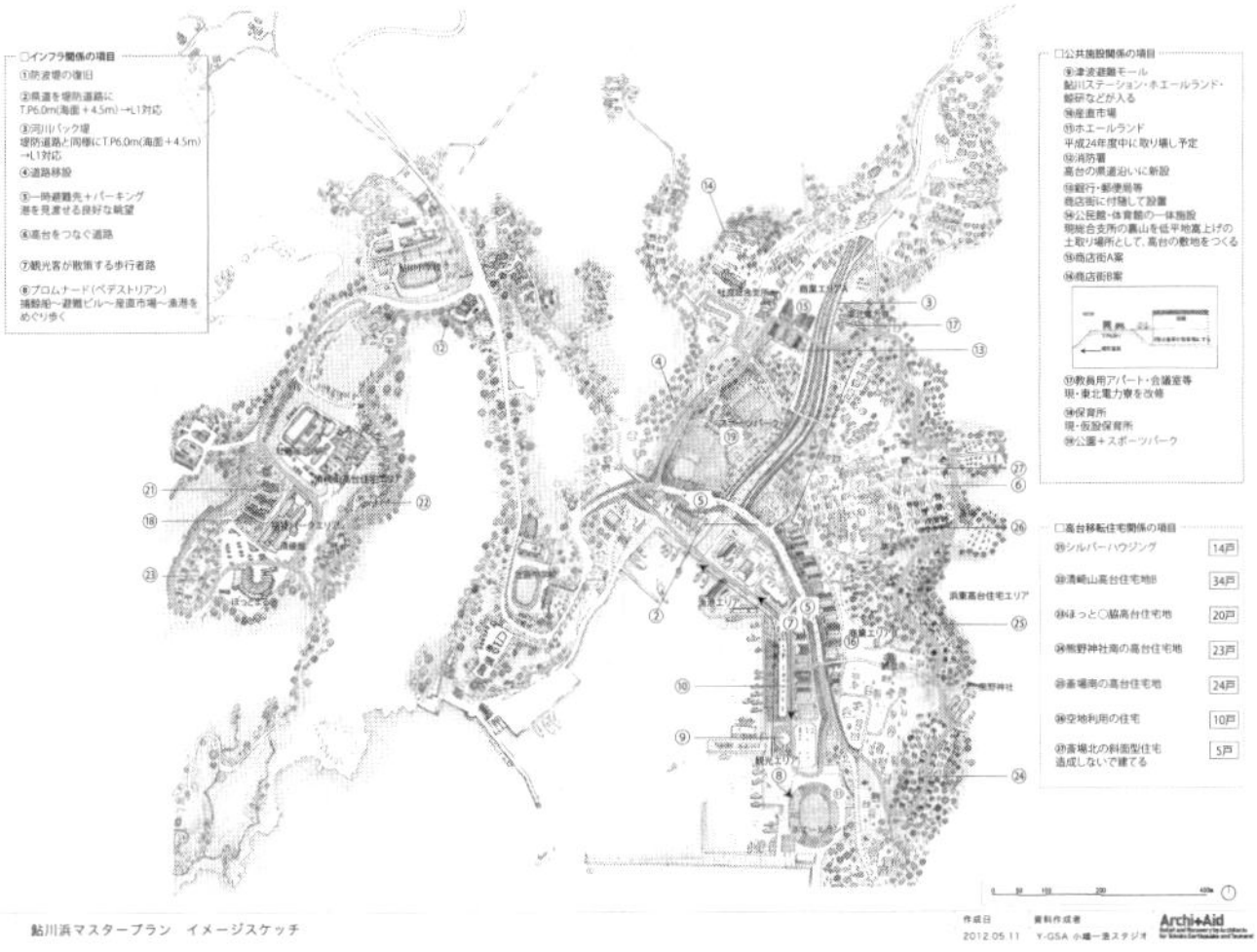

図4-16 鮎川浜　マスタープランイメージ

や漁港などのコンサルタントは、補助金ごとに切り分けられた守備範囲をこなすことに特化してしまっているので、全体像が分からない。彼らは専門家同士で普段の仕事をしているので、浜の人たち相手に分かるように話せないといったことも顕わになってきます。全体像を模型や手描きのマスタープランイメージでその都度バージョンアップして住民に説明するのはボランタリーな私たちの役割分担となり、なぜか「鮎川連絡会」では行政の支所長の隣に座っているなどということにさえなっています。全住民対象の説明会に至っては、サマーキャンプから20カ月経過した2013年3月というありさまです。誰が悪いというのではない、日本という国の制度の疲弊を痛感した期間でした。

さて、被災する前から高齢化と過疎化に悩まされていた半島部（三陸全体に共通です）では、単にL1（レベル1…数十年に一度の津波）対応の防潮堤を造り、L2（レベル2…今次津波）でも安全な高台住宅地と災害公営住宅を作っても、10年後にはそれらがゴミになってしまう可能性が高いのです。それくらい高齢化の進行は早いし、震災復興の遅れでも、さらに人口が減少しています。過疎化した漁村で80歳代の単身のおばあちゃんのために作られる木造の戸建て公営住宅は、何年くらい使われるのでしょうか？　限界集落化した小さな浜で、どのように次の世代が登場してインフラや公営住宅の投資を引き継いでくれるでしょうか？

牡鹿半島では、「半島の先端にあって、半島の中心地でもある鮎川の街が先細るようだと、半島全体から人がいなくなる」と言われています。逆に言えば、先端に位置する鮎川が踏み留まれれば、半島の人やお金の流れも滞らない。鮎川は、最初に書いたように「捕鯨と金華山観光」の街として栄えた歴史があります。景気もそのころは良かった。しかし、捕鯨は、今は国際的に声高には叫びにくい。鮎川では、今も調査捕鯨として、頭数は限定されていますが近海でミンククジラを捕獲し、その生肉は「生ミンク」（冷凍していないという意味）と省略されて、シーズンである5月から8月くらいには現地や石巻市内で流通しています。捕獲された鯨はキャッチャーボートに横付けされて浜まで引っ張られてきて、クレーン（結構大きい自走式のもの）で釣り上げられてフルトレーラーに積み込まれます。そのまま鯨解体場（ちょっとした工場のよう）に運び込まれるわけですが、そこまでは浜（ということはほぼパブリックな場所）で行われているのでタイミングさえよければ誰でも見ることができます。かつてはもっと大掛かりな捕鯨船が使われ、帰港時には船の両舷に3～4頭の鯨を提げている写真もあります。

金華山神社は、東北三大霊場のひとつで、昔から多くの人が金華山道を歩いて参詣していました。昭和の時代には、観光バスと大型船で人が動いていた。でも今はそんなにぎわいはなかなか期待できません。

一方で、牡鹿半島に通い続けていると、このエリアにはアグリ・ツーリズムのための豊かでありながら活用しきれていない潜在的な資源があることが分かります。浜ごとに特産の種類が異なる、牡蠣・海鞘《ホヤ》・銀鮭・アナゴ・メカブ・金華サバ・サンマに鯨まで含まれる魚介類・海産物、牡鹿半島というだけあって害獣扱いされるほどいる鹿の肉は、フランスに運んでもジビエの最上級品として通じるほどの品質、高圧電線もほとんどない手付かずの山と、世界三大漁場に接する海。浜ごとの文化と生業、それに祭り。海を中心とするアグリ・ツーリズムのことをブルー・ツーリズムと呼ぶこともこの2年で学びました。

アグリ・ツーリズムは、観光における〈非・開発型＝Cultivate 型〉であり、そのエッセンスは〈小さな矢印〉の活性化だということが分かってきました。リゾート開発に大きな資本を投下するのではなく、地域の資源を掘り起こしながら観光につないでいく。イタリア中部山岳都市エリアのアグリ・ツーリズムなどが起源で、今、世界には成功モデルが多く存在します。カリフォルニアワインで有名なナパ・バレーなどもそうした事例のひとつで、ブランディングに成功したことで今やワインは高価過ぎるほど。スペイン、カナリア諸島のテネリフェ島は、リゾート開発型の観光で大成功している所ですが、今はそうした新規開発を禁止して農業などの保全と観光を結び付ける方向に舵を切っています。ここには、2012年にY-GSAの学生たちと国際ワークショップのために行って10日ほど滞在し、いろいろな話を現地の専門家や建築家から聞き出しました。共同した

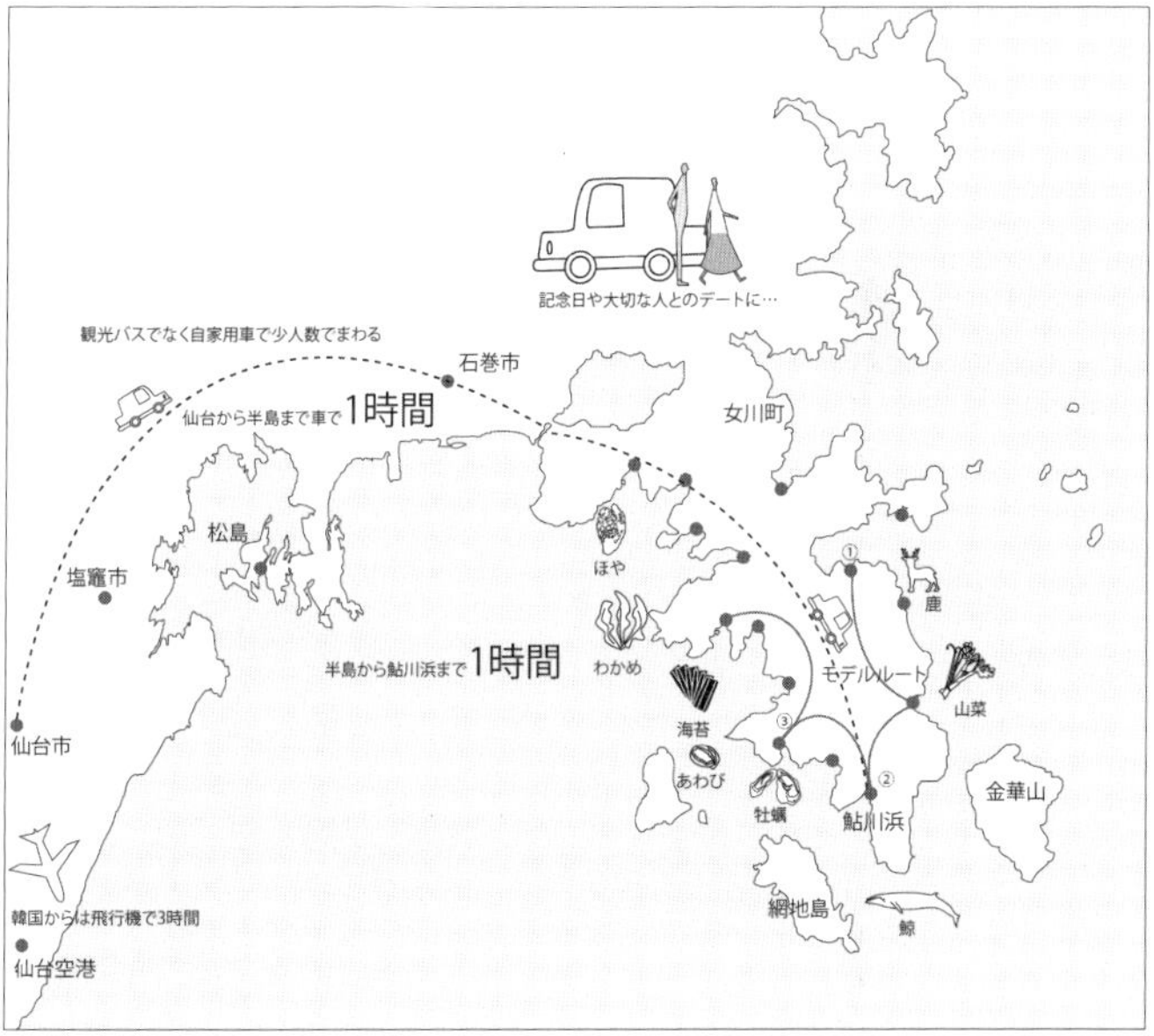

図4-17 牡鹿半島のブルー・ツーリズム・マップ

フェルナンド・メニスさん（テネリフェ出身で、テネリフェとマドリッドで活動する建築家）には、牡鹿半島も案内して見てもらっています。

〈耕すような〉観光で牡鹿半島に人を呼び戻す、というコンセプトはつかんだものの、建築家の私は方法を持ち合わせていないから手探りです。〈ツーリズムを設計する〉。「モノではなく出来事が建築」であるとしても、ずいぶん遠くに来てしまったものだと感じながら、多くの人たちとともに試行錯誤を続けています（図4－17）。

第5章　自然・集落・都市　20世紀の前と後

地球にあるタイムラグ

最初にも述べたように、振り返ってみると20世紀は、〈大きな矢印〉として対象とその取扱いを単純化することによって得られる効率化の成果としての量とスピードが支配した世紀でした。食料供給や移動手段としての自動車から都市計画、郊外の住宅団地まで、その基底にあるのは、開発への意思だと言えるでしょう。

近代は、衛生と健康の獲得を目指すことから始まったと捉えることができます。上下水道が整備されていない劣悪な都市環境に繰り返し襲ってくる伝染病の恐怖や、産業革命後の煤煙が降り注ぐ中での労働環境などから人間を解放すること。階級社会から市民社会へ。その起点においての理念には、まったく問題などありません。建築や都市計画の守備範囲に限定してみても、都市計画のゾーニング論は、そもそも工業地帯を居住から切り離すという大きな目的を達成するものでした。そうした人類の努力の結果、地球人口が15億から60億にまで増えたのが20世紀です。

人口が爆発的に増えるのだから、放っておくわけにはいかない。増えた人口を吸収するだけの住宅や学校や病院、そして食い扶持を生み出さなければならない。歪がたまると戦争や革命が起こります。

鶏と卵ではありませんが、問題の解決で次の問題が襲ってくる、という連鎖が、当初の理念を置き去りにしたシステムの暴走を生み出したというわけです。しかも、地域差というタイムラグがあるので始末が悪い。先進地域では20世紀の最後のころには、おおむね問題は対象化されて把握されています。しかし、20世紀の豊かな果実に未だありついていない地域が黙っているわけもないから、暴走は今も止まっていません。20世紀的問題は現在も世界中で再生産され続けています。人口増も加速していて、今や70億です。そして、20世紀初頭に人類が抱えていた問題が、そのまま店晒しにされている地域が現在の世界にも多くある、言い方を換えれば、さまざまな時間が並置されてしまっていて、しかもスピードが上がった分だけタイムラグも巨大というのが現実です。京都議定書の批准問題などでそうした地域間の差異（時間差）が顕在化しています。中国などは、今そのタイムラグを埋めるべく猛進している最中ですから、中国の中に、日本などより先の時間もあれば逆もあるという状態だと言えるでしょう。

このように、時間的に世界が散らばっていることを前提にする時、次の項で述べるように、遅れた時間を生きている世界を体感し、現在から照射することには、さまざまな発見があるでしょう。

巧妙なフィクション

私が大学院で学んだのは原広司研究室でした。原さんは、１９７０年代を通して世界の集落を調査していました。しかし私が進学した1980年代初頭には集落調査は行われなくなっていて、原さんの関心は数学や論理へと特化していました。原研究室に入れば世界の集落に出合える、と単純に考えていた私としては困った状況です。新年会には山本理顕さんを始めとするOBたちが集まってきてどこの集落が一番だったかというような話を繰り広げている。その中で、もっとも名前が挙がるのが「ガルダイア」でした。これは自分の足で行ってみるしかない、と足を運んだのが修士1年が終わった春休みです。

ガルダイアは、アルジェの街から南に700kmほど、サハラ砂漠の入口辺りに位置します。ムザッブの谷に、7つの集落・都市が点在する、その中で最大の都市がガルダイアです(図5-1)。ムザッブの谷は、7年に一度くらいだけ降る雨で出来た溺れ谷で、サハラの地平線が上の方にある。谷の中の小さな丘の頂点に、独特な造形の塔が建っていて、その塔の足元に斜面を這い上がるようにして住居が密集しています。住居の配置は、すべての住居の中庭から、アザーン(日に5度コーランを読む)の発声される塔の先端を見ることができるという原理です(私が訪れた時には、党の先端にスピーカが付いていましたが、昔は当然肉声です)。

この配置原理のために、塔を目指して丘を登っていくと、途中から塔がまったく見えなくなるという逆転が起こります。塔が見えるように住居(中庭)を配置していった残余として道があるので、頂上付近ではどこにも塔もモスクも見えない。あきらめて降りてきて振り返ると、実寸はそう大き

図5-1　ガルダイア全景　溺れ谷の中の丘の頂部に塔が建つ。サハラ砂漠の地平線は街より高い

図5-2　街中から見たモスクの塔

くない塔が周囲を睥睨しているのです（図5－2）。

この谷にいるイスラム教徒は、イスラムの中の異端と言われていて、そのために迫害から逃れてこうした厳しい自然の中に落ち延びて来たそうです。塔や墓地にあるモスクなどの独特な造形もこんな背景からきています。

ムザッブの谷で、都市は丘の上にあって「生者の街」として丘の周囲の「死者の街」（墓地）と対峙しています（これはイスラム世界では共通です）。墓石はなく小さな石を立てて置いてあるだけなので、コードを知らないと墓地とは認識できません。

そして、谷の低地部分はナツメヤシが茂るオアシスです。住民はこちらにも家をもっていて、夏と冬で使い分けている。7年に1度しか降らない雨は、降る時には濁流が谷を覆うような激しい降り方をします。この谷の住民たちは、その水を地中に蓄えて7年間使い続けるような技術をもっています。乾いた時期に訪れても、水を谷にまんべんなく行き渡らせる水路などの形象化された仕掛けからその状況は想像できるのですが、知らないと単にいろいろな奇妙な造形にしか見えないでしょう。

このように、この谷と7つの都市の総体は、人間がまとまって住むには極限的に過酷な自然の中で、水の循環を始めとする〈小さな矢印〉をどのようにハンドルしてきたかという視点で捉え直すことができます。

細かく描き出していくとそれこそ1冊の本になる（例えば Hassan Fathy, "préface", in André Ravéreau, *Le M'Zab, une leçon d'architectre*, 1981）のですが、この大変巧妙に作り出された谷と街の総体は、「あり得たかもしれない世界」の空間による記述と記録として見ることが可能だということです。原さんは、世界に存在する集落を、さまざまな仮説を緻密に組み上げていった「巧妙なフィクション」であるとして語ります。私たちが、現実の、不動のものとして捉えている現在社会も、幾多もの可能性の中のたまたまのひとつとしての「フィクション」だと捉える見方があるのです。都市や建築によって構築された環境を、必然的だと捉えるよりは、こうしたフィクショナリティを前提に捉えることで、新たなる可能性に向けて踏み出すことが可能になります。そして、その一歩を踏み出すためには、単に想像力を鍛えることに留まらず、現実もまた、数多くのアンリアル（仮設）のひとつの現れでしかないと前提することが必要なのです。

現実の都市

では、現在のフィジカルな都市、わけても20世紀になって現れたメトロポリスにも、前項に上げたガルダイア（それはあまたあるフィクショナリティに富んだ事例の中のほんの一例です）に匹敵する巧妙なフィクションは仕込まれているのでしょうか？

私自身が、都市に関心をもって調べ始めたのは大学院に入って初めての春休みに、長いヨーロッパ旅行（その旅行には前項のガルダイア訪問も含まれます）から東京に戻ってからのことでした。関西に生まれ育った私は、それまで、どこにいても山並みが見えて程良いスケールで留まっている大阪や京都が都市であり世界であるのだろうと漫然と受け止めていました。そんな気分のまま東京に出てみると、どうにも捉えどころがない。街は延々とあるのだけれど、その全体には誰も関心をもっているようにも見えない。当時は「東京は大きな村でしかない」とも言われていました。建築的に見ても、東京全体に建築家が関わった事例は、丹下健三さんの「東京計画１９６０」以降見当たりません。分からないから楽しみようもないわけです。ところが、長く滞在したヨーロッパから戻ってみると、それまで乱雑にしか見えていなかった東京がとてもイキイキして感じられた。こんなにゴチャゴチャしていて分かりにくく、美しくも何ともないのにどうしてだろう？　部分部分は地価が高いから、否応なく緻密に（ということは必然的に）出来ているのに全体が見えない。そんな疑問を一刀両断にできるような東京の見方はないのだろうかと暗中模索し、東京23区の航空写真を1枚（約４ｍ角）に張り合わせてみました。張り合わせた絨毯のようなサイズの写真を、天井の高かった当時の原研究室の壁面に張ってみました。これも、とにかく無理やりにでも一望のもとに収めたかったからの作業ですが、近づいたり離れたりして飽かずに眺め続けていると、あることに気付きます。すごく離れて見ている時には皇居を除けばほとんど均質にしか見えない写真ですが、近づくにつれてさまざまな領域が島のように現れたり消えたりする。島のように現れる領域の中で分かりりやすいものは公園緑地の緑の領域ですが、団地は建物が平行配置されているのでストライプパターンで現れるなど、テクスチャやパターンによっていろいろな島があります。道路のグリッドもアメリカの都市とは異なって、東京ではパッチワーク上に現れる。それらの、戸建て住宅地を「地」と見たときに「図」として島状に現れる領域を抽出して、アイテムやレイヤーをつけてコンピューターに入力しさまざまに出力してみることで、異質な領域の分布パターンから東京という都市に迫る、というのが私の修士論文です。グーグルアースの登場でこうしたことが簡単に体験できる4半世紀も前のことでした。

東京が楽しく感じられたのは、思いっきり引いて見たときには、歴史や地形、立地やインフラなどのレイヤーによるそれなりの必然性があるのに、それがインビジブルであるがために、眼の前の現象として現れる街は、気まぐれで無茶苦茶乱雑、破れ目だらけだったからです。ヨーロッパの都市は、部分と全体のつながりに相当な一貫性があって、それが旅行者にでも感じられる。美しいともいえるわけですが、同時に窮屈でもある。東京には、そんな窮屈さとは無縁の自由さや開放感があるというわけです。その中を日々、全体がどうなっているのかなどまったく気にせずに動き回っていられる。それも何千万もの人びとが同時に！　しかも、4m角の航空写真の乱雑な都市のすべての部分に、電気やガス、水道といったインフラが行き渡っていてしっかり管理されている。これはすごいことなんじゃないかと驚かざるを得ない。建築家として活動を始める前に、こんなことを考えていたこと、それが今にして思えば〈小さな矢印〉などという、それ自体ではなかなかかたちにならないようなテーマで設計をしていることにつながっているように思います。

〈都市の部分〉

もう少し都市の話を続けます。建築家として建物の設計をしていると、都市のことを普通はコンテクスト、あるいは与条件としてしか捉えていません。一方で旅行者、体験者として都市に接する時には、ここまでが都市でここからが建築などと考えるわけもなく、都市と建築はシームレスな空間です。その全体が、先に述べたガルダイアや、あるいはもっと誰でも知っている事例で言えばヴェネチアのように、「巧妙なフィクション」として現れた時、人びとはそこに魅力を感じるわけです。見事に成立している物語を読者として共有し、物語の中に入り込む体験と言ってもいいでしょう。

誰にでも理解可能な人為的なフィクション、というあまり例のない前提によって魅力的に現れていたのが、中国への返還前の香港です。99年間の租借権という契約の上に、経済の欲望が暴走していた。中国本土から自由を夢見た人びとが流れ着き続けてもいました。たまたま1980年代半ばに、近いし面白いという単純な理由で毎年香港に遊びに行っていました。香港も東京に劣らずカオティックな印象の都市ですが、何度訪れても発見があるし、東京ともずいぶん異なるように見える。コンパクトで超高密度であること。地下鉄をはじめとする交通インフラが異様にと言っていいくらいコンビニエントであること。香港内では電話は無料。自家用車乗り入れのナンバープレートによる制限で渋滞緩和など、後には他の国でも見られるようになった実験的ともいえる取り組みをどんどん実行に移していること。駅ごとに街の様相が全然違うこと。毎年行っても変化がどこかにあり停滞していないこと。一度調査でもしてみたいと考え始めたころに東京大学の助手になり、大野秀敏さんに相談して、本当に10人くらいで滞在して、街をただ観察するだけではなく当時の香港政庁の都市計画セクションなどへのインタビューも行うなど、本格的な調査が実現できました。その成果は、「香港―超級都市」（『SD』1992年3月号）としてまとめられています。

この調査で、それまで感覚的かつ断片的に歩き回っていた香港の全体を、意識的に見渡すことができました。郊外にも足を運び、狭いから超高密度だと思い込んでいた香港という場所が、人為的に高度にコントロールされたものであって、郊外のニュータウンも超高層なのだけれど、突然それが切断された先は自然そのものであることを発見したりもしました。ここにはアーバン・スプロールはまったくない。計画と現象のアンビバレントなバランス。

中国本土への返還前のこの時期、ピラミッドの頂点にいる金持ちが資産とともに海外へ逃げ出し続け、継続的に君臨するキング（支配階層）がいない。だから、停滞しない（どんづまらない）都市という特異点でもあって、誰にでもチャンスがあるように感じられる。本当にダイナミックでアクティブでした。「これこそが都市なんだ」と感じたものです。

そんな香港という都市は、大きくは九龍半島部と香港島に分かれますが、地下鉄で移動していると海を越えるのは駅間が長いというくらいでほとんど意識されません。ところが、駅ごとに街の様相はすごく違う。その違う街が、観光ガイドブックのエリアマップと応答しています。駅の周りという歩き回れる範囲でアイデンティティを発揮し、エリアマップもそれと応答している。中環《セントラル》と尖沙咀《シムサーチョイ》、旺角《モンコク》では同じ地下鉄のラインで10数分の距離でしかないのにまったく違います。北角《ノースポイント》のトラムの折り返し点では2階建てのトラムが文字通り市場の人ごみの中を突っ切って進む。

香港では、全体を全体として捉えてみた場合にも発見はいろいろあったわけですが、〈都市の部分〉にスポットライトを当ててみた場合の面白さを学んだように思います。そこから発展したのが〈1㎞×1㎞〉で都市の部分を切り取ってみるという都市のサンプリングです（図5-3）。東京理科大学に研究室をもっていたころ、学生たちと行ったさまざまな思考のトライアンドエラーのひとつです。

〈1㎞×1㎞〉というのは、歩き回れる＝ウォーカビリティが担保されているギリギリ最大の広が

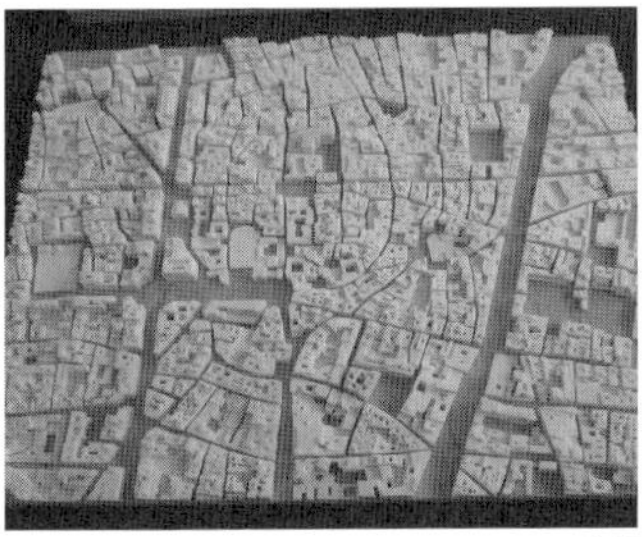

バルセロナ・ゴシック地区

東京・銀座地区

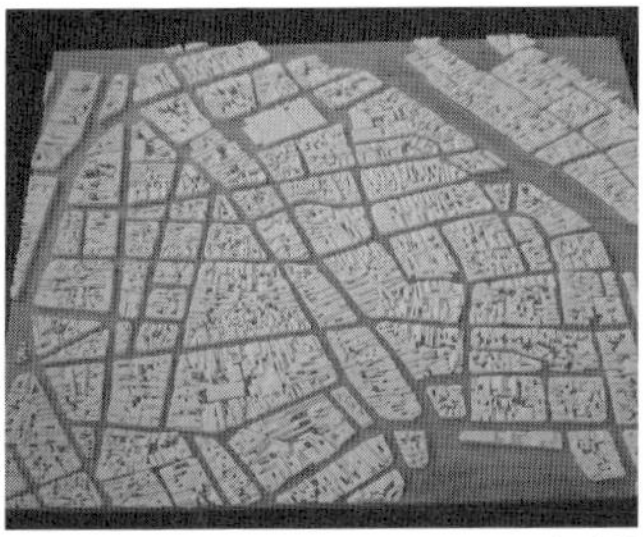

ハノイ・36 通り地区

香港・旺角地区

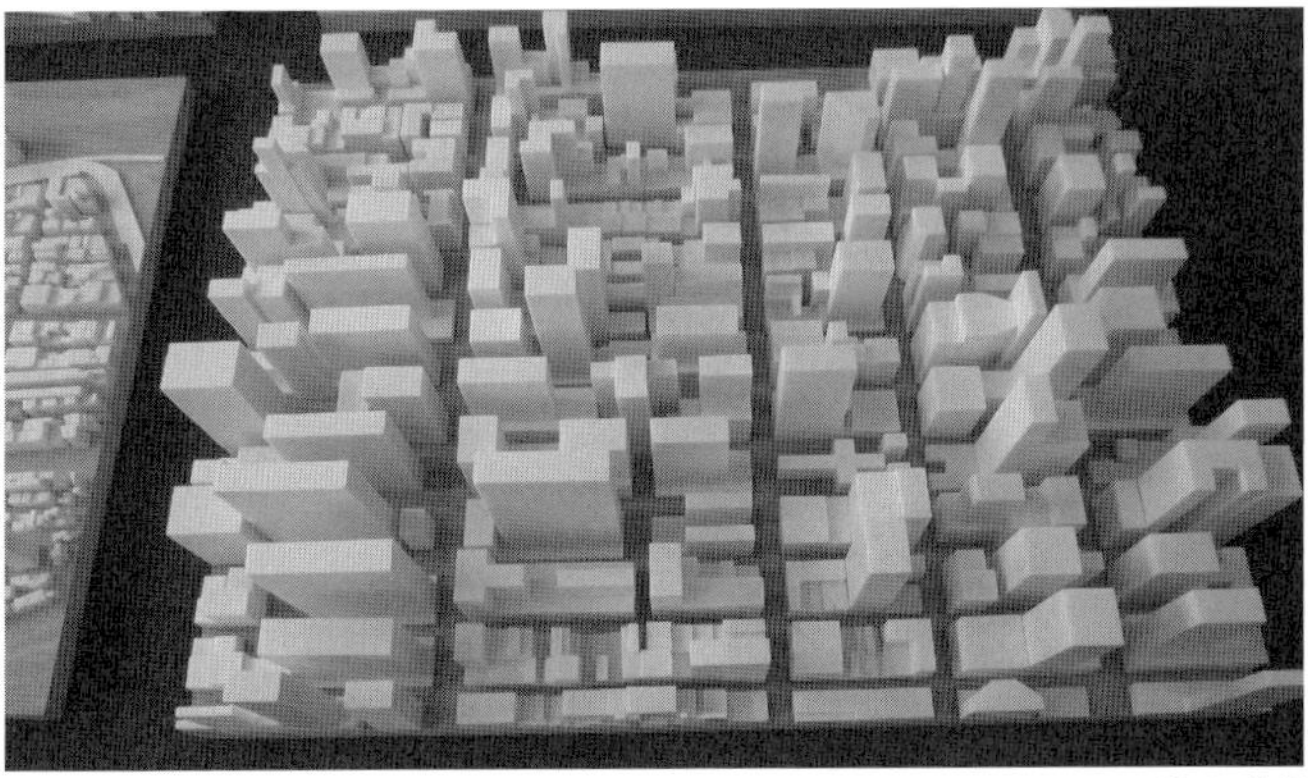

ニューヨーク・マンハッタンミッドタウン地区

図5-3　1km × 1km 模型

りです。正確には半径400mくらいですが、そこは単純化しています。ヨーロッパの街だと、中世から続く旧市街が大体この大きさの中に入ります。ニューヨークのような現代都市の場合、ディストリクトとして認識される、例えばミッドタウンやロウワーが、道路パターンはグリッドで均質であるにも関わらず浮かび上がってきます。

ニューヨークのミッドタウン、バルセロナのゴシック地区、香港の旺角《モンコク》界隈、ハノイの36通り地区、それに銀座を1対1000の模型で作ってみました。大きさは1m×1mです。このサイズは、建築家が建築に対するのと同じような方法と思考で何とか手出しができる最大規模のように思います。同時に、敷地の中の建築だけを考える視点だと見えてこないような数字や流れもよく分かります。例えば密度。「ハノイモデル」で設定した1000人／haの居住密度をそのまま1km角に当てはめると10万人。地方都市をシュリンクすると4階建てでこのくらいの大きさに収束してしまうというわけです。熊本くらいの県庁所在地でも人口50万人として1km角5つくらいに収斂させることが理屈の上では可能です。「コンパクトシティ」を極端なかたちでビジュアライズできます。交通の問題は、ウォーカビリティがギリギリ確保されているのだから、相当に単純化できそうです。あるいは道路率や容積率などの指標も、輪郭をはっきりさせているのでいくらでも数えて比較できます。そんなフレームの中では、〈小さな矢印〉的な視点で環境を考えるのも容易になりそうです。

実際にこうしたことをやったあと、バルセロナで、子育て中の知人とベビーカーを押しながら歩いて回って数日過ごすことがありました。模型の範囲をかなり超えて新市街のガウディの「カサ・ミラ」（１９０７年）のある辺りまで歩いてもたいした距離ではない。その中で大抵のことはできてしまう。郊外の「コロニア・グエル教会」（１９１４年）に足を延ばした時以外は、結局公共交通機関もタクシーも使いませんでした。高密度・コンパクトであることの素晴らしさを実感した数日でした。このように、ウォーカビリティと高密度が魅力的なエリアを生み出す鍵だとしたら、〈１㎞×１㎞〉を思考することは、敷地の中に矮小化されてしまっている建築家のテリトリーを再拡張するチャンスに満ちたトライアルになるのではないかと思っています。

実際に〈１㎞×１㎞〉を設計する

実は、〈１㎞×１㎞〉といったことを考えるに至ったのには、都市プランナーの蓑原敬さんに声を掛けてもらって、幕張新都心住宅地区のアーバンデザインに参加するという、事務所を始めてまだ2年くらいしか経っていなかった時の貴重な体験が下敷きになっています。対象はひと回りだけ小さい84ha。ここに８６００戸、２８０００人の計画人口の住宅地をどう作るのかを考えました。当時のルーティンで計画すると板状の14階建て住棟が平行配置で並ぶ高島平団地の密度感です。幕張は新都心と謳っているのだから、郊外のニュータウンのような「団地ではなく街を作る」というキャッチフレーズの元で、では、どうすれば団地ではなく街になるのかを考えた計画です（図5-4）。ここには、その後縁があって「打瀬」と「千葉市立美浜打瀬小学校」（2006）の2つの学校を設計することになるのですが、この84haのアーバンデザインを考える過程で「アクティビティがカギである」ということにたどり着いたのでした。郊外のニュータウンというのは、朝は駅へ向かう人の流れ、夕方以降は駅から家へ戻る人の流れが圧倒的です。昼は閑散としていて、結局人とすれ違わない。いろいろな目的地点は駅とその周辺に集約されてしまっています。違う配置原理なのは学校や公園くらい。「街らしい街」のモデルとして、大阪のミナミ（図5-5）を取り上げました。ミナミは、東京のターミナル駅とも違って、例えば終電間際にもいろいろな方向へ人が流れている。誰かについて行っても駅にたどり着けるかどうか定かではない。こういうふうに、「住戸から下へ降りて行けば、人が行き交っていてアクティビティに満ちているのが街なんじゃないか」、というところから始めて、「A点からB点への移動で経路選択が発生しやすいのはグリッドの道路パターンである」「ニュータウンには街角（交差点の建物）がない、街にはある」「通過交通があったほうがいい」「路上駐車がないのは街じゃない」といったことを積み重ねて実現したのが、日本では珍しい街区型の建築配置の「ベイタウン」だったのです。このころ、〈小さな矢印〉などということはまったく言語化できていませんでしたが、今から見返してみれば、形態論ではなく、考え方で組み立てたからこそ、今の「ベイタウン」やフェンスのない道路に校舎がいきなり接する

図5-4　幕張新都心住宅地区
初期マスタープラン

図5-5　大阪ミナミ
©2013 Google-イメージ ©2013 Cnes /Spot Imege,Digital Globe.Digital Earth Technology

ような低層の配置の小学校が実現したのだと思います。「街区型住棟にしたい」というかたちの議論だったら誰も受け入れなかったことでしょう。このプロジェクトは、その後私が途切れ途切れにではありますが、都市に関わる発端になったものでした。そして、街のプラットホームが共有されていたからこそ可能になったのが「打瀬」「美浜打瀬」なのでした。

砂漠の蜃気楼

1km角を建築まで全部設計するという、途方もないことの現実的なチャンスが、ドバイの郊外（と言ってもその時点では砂漠の中と言っていい場所）にやってきました。まだ何もない場所に、エリアを貫通する11kmのブールバールとそのブールバールに串刺しにされたいくつもの街区からなる新都市バワディが計画されています。妹島和世さんから声が掛かって、その中のブールバールをはさむ大きな2街区約82haを設計するチームに加わることになったのです。常々、妄想のようなことでも「いつかやりたい！」と言い続けているとチャンスは必ず来ると信じている私ですが、この時はビックリしました。カタールのプロジェクトでガルフ・エリアに通っていた私は、バブルに沸くこのエリアの新都市が、どうしてイスラムの伝統的な都市の文法を打っちゃって20世紀近代主義の道路優先で建築が街区の中に孤立するような都市をつくり続けているのだろうというのが、不思議議でもありもったいないなとも思っていました。しかも交通量算定をマストラ（鉄道網など）がゼロの想定でやっているので、道路ばかりがやたらに広い。夏には気温が50度、湿度が90％という地域ですから、隣のビルまでだって歩けやしない！　という都市計画なのです。〈大きな矢印〉の近代が今に至っている悪しきサンプルの最たる事例と言っていいでしょう。

伝統的なイスラムの都市は、マラケシュにせよイスファハンにせよ、道路上にも日干し煉瓦をアーチやドームにした屋根があって、都市全体の建築がひとつながりになっているように現れます。砂漠地帯で直射を避けて快適に住むための知恵ですが、風抜きや採光の工夫と相まって、それが空間としてもとても魅力的です。都市全体の屋根がひとつながりになるので、都市によっては、その屋根の上が、戒律に縛られた女性が解放される女性だけの空間として成り立っていたりと、独特な文化が育まれてきました。建築と都市は、この地域では不可分なのです。

私たちが関わったプロジェクト「Al Ghurair Bawadi Development」は、82haの敷地（図５-６）に「ハイパーモール」と称する巨大なショッピングエリアや、さまざまなカテゴリーのホテル／ハウジングのほか、ミュージアムなども含む多様なプログラムを組み込むように求められたものでした。まさに「都市の部分」です。車社会のドバイですから駐車場も広大です。普通に取り組めば、まず道路とインフラをセットで考えて建築の敷地をプロパティラインで切り分けることになるのは必定です。しかし私たちのチームは、中央を横切るバワディ地区のスパインとなる広大なプール

図5-6 ドバイ・バワディ地区 敷地

図5-7 Al Ghurair Bawadi Development 計画案

バールだけは手出しができませんでしたが、82haを2街区各々たくさんの中庭がある1建築としてクライアントに提示しました。ビックリされたのはもちろんですが、「なんでイスラムならではの素晴らしい都市の文化をもっているのに西欧近代の１００年遅れの後追いをしているんだ！」と迫ったところ、理解を得られて、ひとつ40haを超える大きな街区の中はひとつながりの建築、基本的にペデストリアン空間、サービスはすべて地下という案が動き出したのです（図5-7）。伝統の現代的な解釈です。残念ながら、リーマンショックの影響で「砂上の楼閣」となってしまいましたが、それではもったいない、実現すれば世界中で開発が続く新都市のありようを揺さぶることができたプロジェクトになったでしょう。

マンハッタンのブラックアウト

東日本大震災に伴う福島原発事故の後、首都圏では停電に備えて、計画停電が実施されました。街全体の照明が相当程度絞り込まれ、ひたすらに明るい日本の都市の様相が変わりました。少し慣れると、これくらいでいいんじゃないかという声も結構聞かれました。「THE CITY DARK」（イアン・チーニー監督、２０１１年）という映画が上映されたのもこのころでした。今は、原発事故も収束していないのに、またぞろ明るくなってきていますが、私たちは、電力を消費するほど近代的といった高度成長期的感覚からいつになったら離脱できるのでしょう。

震災から1年半ほど経った2012年10月の末、たまたま講演会のために滞在していたニューヨークをハリケーン・サンディが直撃しました。体感としては、日本を襲う台風に較べたらどうということはない程度の風雨でしたが、高潮と重なって防潮堤というものがまったくない海岸線は、そこら中が浸水騒ぎ。しかも変電所が海岸線に配置されていたために、滞在していたロウワーのホテルのあるエリアを含むマンハッタンのミッドタウン以南は完全にブラックアウト。ホテルでも一晩に1本コンサートで使うケミカルライトが支給されるだけで暖房も何もない。はからずも現代都市のもろさを、しかもインフラの強そうな、エネルギーにジャブジャブに依存しているイメージが強いアメリカの大都市で体験することになりました。まず、1~2時間で携帯電話の基地局がダウンして不通になる。ホテルの電話も着信はOKだけれど発信はノーチャージのニューヨーク市内以外は課金システムに電気を用いているので不通。インターネットも市内全域でダウンしているようでしたから、ミッドタウン以北の停電していないエリアまで歩いても、ホテルの予約システムなどもまったく機能していない。停電していないホテルに移ろうと試みて歩いて片端からホテルをのぞいたのですが、手作業でノートに予約と空室を記入するなど経験したこともなさそうなホテルマンたちから返ってくる返事はどこも「今夜は満室、明日のことは明日来てくれないと分からない」というもので、結局数日間、毎朝明るくなると歩いて北を目指し、夕方暗くなる前には誰かに車で

図5-8　ハリケーン·サンディによる停電でホテルから支給されたペンライト

図5-9　ブラックアウトしたマンハッタンのスケッチ（i-Pad だからスケッチできた）

送ってもらってホテルに戻ってくるという貴重な体験となりました。マンハッタンは、歩いて回れる街であるとも実感した次第。電気に支えられた大都会での私たちの生活もまた、「巧妙なフィクション」であると身につまされた事件でした。マンハッタンでさえ、モバイルの電源をスターバックスやシティバンクのコンセントからタコ足配線で分かち合うという、非常時のコミュニティ的なものが発生していたのには微苦笑です（図5-8〜9）。

プラクティカルなアメリカ人たちが、異常気象に対してこれからどう対処しようとするのかを、福島原発事故でさえやり過ごそうとしている日本から見ている、それが21世紀の現在です。

世界の都市化の果てに

世界は、今急速に都市化しています。人口の中で都市の占める割合は増え続ける一方です。そして、新しく都市化されるエリアも、その中に建設される建築物も、いずれも20世紀前半に方向付けられた〈大きな矢印〉的方法のまま増大し続けています。その前提にあるのは、就業機会の問題であり、もっと深いところでは、「経済の成長」を前提にせざるを得ない今の「フィクション」です。

建築という思考が、究極のところ人びとの豊かさに向けてのものであるならば、そろそろ20世紀モデルという、その時代なりに「よくできたフィクション」に代わるような「ありえたかもしれない世界」を描き出すことにトライしてみたい。それが、まったく慣れない書き下ろしの単行本などということに私が時間を費やしている理由かもしれません。

ここまでに述べてきたように、たまたまですが、私は、ハノイやメコンデルタ、ガルフ、中央アジアの高地などの、普通にはあまり縁のない場所でプロジェクトにかかわる機会をもってきました。どこも、潜在的なそのエリアのポテンシャルはあるのだけれど、それが〈大きな矢印〉の20世紀的なものとはフィットしていないような場所でした。あるいは、20世紀的なやりかたを無理に適用するとダメになってしまう場所と言ってもいいでしょう。あるいはまた、20世紀の象徴といえるような大都市でも、そろそろ〈大きな矢印〉では立ち行かなくなっているのではないかという兆候も見え始めていることを示しました。

中央アジアやメコンデルタに関わりながら、その関わり方のスタンス・態度を記述したのが、『Cultivate』（TOTO出版、2007年）です。展覧会と同時に出版されたこの本では、進行中の3つのどれも巨大な敷地をもつプロジェクトを通して、気づき、考え、行動していることをまとめました。その内容を一言でまとめるならば、ある規模を超えると、妙なことに「開発」的方法ではうまくいかず、そこから〈耕すように建築する〉という態度を発見したという話です。他所から技術や資材をできるだけ運び込まず、そこにあるものをどのように生かすことができるのか？　そして、結果としてさまざまな場所のローカリティをローカリティとして生き生きさせること。方法は、砂漠のような場所とメコンデルタの縁と中央アジアの高地と東京近郊の工場跡地では、当然異なります。同時に、そこには何かしら共通の思考方法も見いだせるのです。

放っておけば植物が満ちてくる日本は世界の特異点

「ほっといても植物が覆ってくる地域は地球上でも本当に限られた場所しかない。その限られた地域に日本列島はほぼすべて覆われている。日本を世界と切り離して考えると高齢化とか過疎とか辛い話ばかりになってしまうけど、世界の中で考えればすごい資源を日本はもっていると考えることもできる」。(小嶋一浩：建築トークイン上越 2012)

中央アジアの草原や山では、放牧の羊が草を食べ尽くしています。山の斜面には縞状の模様が等高線状に細かく刻まれていて、初めは何だか分からなかったのですが、羊たちがかなりの急斜面まで等高線に沿って草をついばむために歩いているうちに出来たものだと分かります。

ベトナムは、もともと熱帯雨林や亜熱帯の植生に国土が覆われていたのですが、今や国内には建材や家具に使えるような森林資源はありません。一見緑に覆われていますが、それは成長の早いマングローブや竹のたぐいであって、もともとの樹木による植生ではありません。いい木は乱伐で枯渇させてしまい、今はカンボジアなどの近隣国に依存しています。近隣諸国の状況も当然危機的なことになってくるに違いありません。

ナイル川のデルタでは、紀元前数千年前からの農業の風景が持続していると思い込んでいました。でも、アレキサンドリア近郊にE-JUST（日本エジプト科学技術大学）の新キャンパスを作るというコンペに原さんと一緒に参加し（2009年、図5-10）、いろいろ調べていく中で、このデルタエリアが塩害に悩まされていて、かつてほど収穫が期待できなくなっていることが分かってきました。ナイルの水を有効利用しようとダムを造ったので、川の氾濫がなくなったこと。川の氾濫は、栄養分に富んだ水をデルタにぶちまけることで土地を肥沃にすると同時に、塩分を含んだ地下水の水位上昇を抑えていたことが解き明かされています。加えて、水路による灌漑で耕作エリアを広げたことも塩害に拍車をかけています。

水の農業への有効利用の結果が、中国では黄河が途中で干上がってしまい、ロシアではカスピ海の縮小となっているのは有名ですが、塩害の問題は、カリフォルニアでも起こっているなど、このコンペをやるまでは知らないことも多くありました。

2000年代、頻繁に海外のいろいろな場所に出掛けてプロジェクトのためにその場所をリサーチし、日本に戻って来るということを繰り返している中で、棚田の荒廃やら杉花粉やらと問題はいろいろあっても、日本は、水と植物に関しては、世界の中でかなり特異な恵まれた場所なのではないかと実感しています。もっと厳しい状況の中で、何とかその地域の自然を生かそうとしていたりするプロジェクトがたくさんある。ガルダイアの知恵ではありませんが、単に緑を植えるといったことではなく、水や風、光といった自然のファクターをどう循環させるかが、抜き差しならないデザインのテーマになってきています。それは、建築家である私たちの意識の深層にも染み透ってきています。

どのように振る舞えば、開発的にではなく、〈耕す〉ように、建築や都市を設計できるのでしょうか？　それは、環境的なファクターをどんどんシミュレーションにかけて省エネルギー＝サステナブルというアプローチを取り、建材も含めたライフサイクルコストに配慮するといったことで十分に満たされるのでしょうか？　そうしたことは、もちろん大切です。でも、建築や都市のありよう自体をもっと問い直せないでしょうか？　それが次章のテーマです。

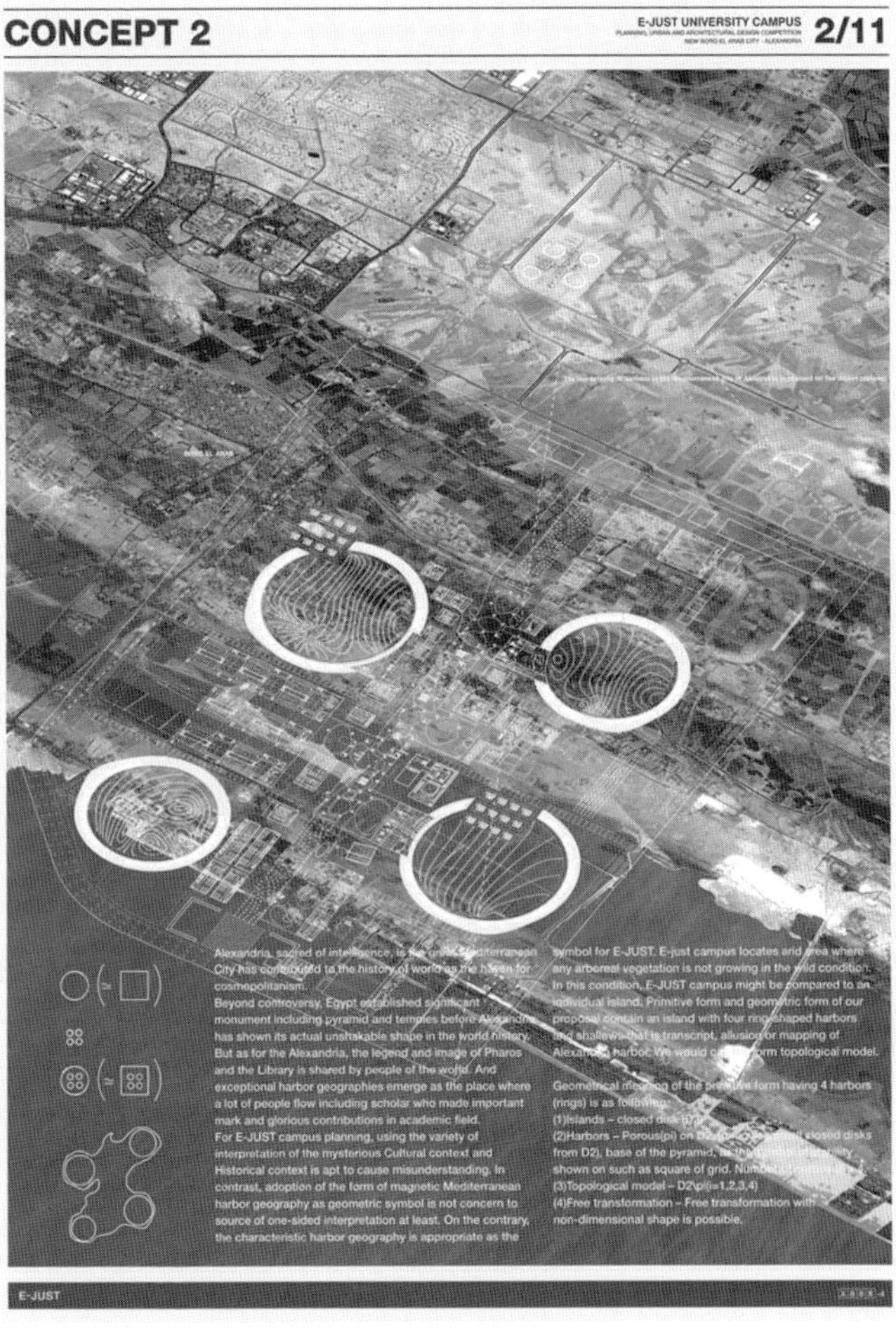

図5-10　E-JUSTコンペ案

第６章　雑木林的：空間の問題として

〈散策的〉◇-traversing

　ここまで、この本では建築について、その「かたち」にはほとんど触れることなく、「空間の図式」「経験・体験の問題」として語ってきました。

　建築を設計するという行為は、もちろん最後にはモノをどう構築するのかという「かたちの決定」に収れんします。良い建築かどうか、を問う時にも「かたち」は重要なファクターです。しかし、この本では建築が「フォトジェニック」かどうかといった議論はまったくしていません。プランやセクションといった表記をもとに構築される建築空間が良いかどうかは、その空間がどういう行為・体験とつながっているか、あるいはどう周辺の環境とつながっているかを問い続けてきました。「かたち」から入った設計による建築空間は、窮屈なものになりがちです。その窮屈さから逃走するには、あるいは、もっと踏み込んで言うならば、窮屈さを生じさせないような設計における建築家の構えは、どのように可能かを考えてきました。

　「建築はモノではなく出来事である」（原広司『Discrete City』TOTO出版、2004年）という原さんの言葉はヴィトゲンシュタインの「The world is the totality of facts, not of things」を下敷きにしていますが、ではどのように出来事としての建築の設計が可能か？を問うた結果が〈小さな矢印〉の思考です。

〈黒／白〉の章で既述したように、人びとが発見的に空間に出合えるかどうかは、このような立ち位置で考えた場合には、とても大切です。機能をよりどころにした〈真っ黒〉な建築は、「ここではこういう目的のこういう行為をしてほしい」とどうしてもお仕着せになってしまいます。それをいくらオブラートに包んでも窮屈さから免れることはできません。その逆を、気持ちの良い季節の公園や雑木林の自然の中などの外部空間を、特に目的もなく散策する行為として捉えてみます。その散策する空間がどのように現れれば、気持ちの良い散策を持続できるでしょうか？

例えば、いくら良く練られた計画の遊歩道であっても、その経路がお仕着せだと窮屈に感じます。経路に選択性があって、自分自身でその都度ルートを選択できること。でも、深い森の中で道に迷って分かれ道でどっちに行くかに賭けるような状況は誰だって避けたいに違いない。ですから、安心して気軽に経路選択ができることとセットであることが必須です。

多様に場面が生起してくることも必要です。見渡す限り均質な草原を延々歩くのでは、そこがいくら気持ち良い草原でも気分が萎えてくるでしょう。ほどよい見え隠れや小さな発見の連続がうれしい。気まぐれにさ迷い歩くには、それなりの状況が必要です。

原さんは、こうしたさ迷い歩きを「◇-traversing」（ダイアモンドトラヴァーシング）と定義して、目的に向かって一直線に歩く「□-traversing」（スクエアトラヴァーシング）と区別しています（図6-1）。

〈白〉の空間として求めてきたもの、あるいは建築の中の行き止まりのない、人を誘うサーキュレーションは、この「◇-traversing」を生起するための空間だったと言えるでしょう。そして、例えば学校のような、数百人が同時に活動している空間では、「◇-traversing」を許容するということは、数百の〈小さな矢印〉になぞらえられるアクティビティが、他の登場人物や環境、建築空間に触発されながら自在に動き回っている状態にほかなりません。個人個人は、相互にインディペンデントに、しかし全体としてはある様相を生み出すように、発見的に動き回っている。そんな空間を内包する建築として、例えば「宇土」があるのです（図6-2）。

病院というビルディング・タイプは、機能論的に計画されるという点で、かつて学校と近い位置にあり、学校のありようが変化していったあとでは、〈真っ黒〉な空間構成の最右翼のように捉えられます。そこでも近年、大病院の外来診察室回りで、面白い現象が生まれています。病院によって携帯端末を支給されたり、自分の携帯電話に登録するなどの方式の違いはありますが、受付に立ち寄った後、ただ診察室の前のベンチに座って順番に呼ばれるのを待つのではなく、順番が近づいてくるまでは院内のどこにいてもいい。携帯で「もうすぐですよ」と通知されてから、待合エリアにやってくる。それまではどうぞ「◇-traversing」をお楽しみください、というわけではないのでしょうけれど、〈真っ黒〉で「□-traversing」の目的的な考え方で出来ていた場所で、おそらくは

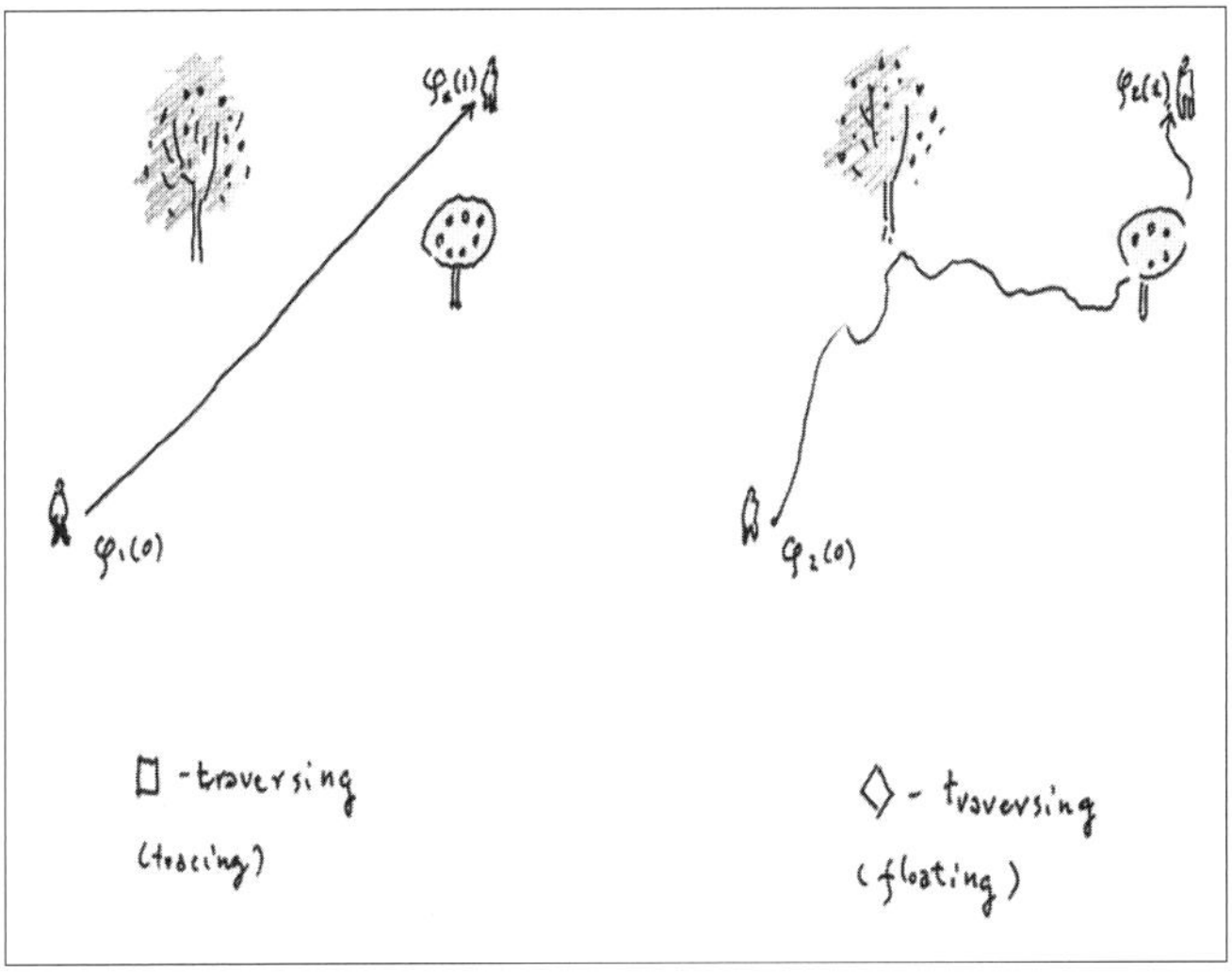

図6-1 ◇-traversingと□-traversing

図6-2 宇土小学校 ファーストスケッチ

待合エリアの面積縮小という現実的かつ目的的な課題をハイテクによって解消するという発想から生まれたであろうシステムによって、人は機能論的な空間から自由になっています。プランニング的には中待ちという診察室の前で数人だけが待つスペースが消失してしまいました。医療分野は、医療機器がコンピューター・グラフィックを牽引したように資金が潤滑なのでこうした現象が先行したのだと想像していますが、私たちがオープンスクールのアクティビティを考える中で「宇士」に至ったのとはまったく異なる地平から似たような現象につながるということもあるわけです。これからはこの病院のモバイル利用のシステムは、eチケット利用の空港などでも似たようなことになってくるのだと想像されます。

雑木林とは?

先ほど例えとして挙げた、自然の中の空間をもう少し考えてみたい。20世紀に獲得された空調された建築空間と異なって、そこは、雨風もあれば寒暖もある、気候や天気に支配された場です。だから、プリミティブ・ハットとしての建築空間が生み出されたとされる、そのままでは過ごし難いのが自然、となるわけですが、現代の設計と施工の技術を駆使すれば、オールオアナッシングではない空間も獲得できそうです。それには、もう一度、そこにいて過ごしたくなるような自然の中の状態を考えてみることには意味がありそうです。

雑木林は、日本独自の植生です（図6-3）。英語にすることができない、という点では、「SATOYAMA」同様、「ZOKIBAYASHI」はそのまま英語にするしかありません。ただし、「SATOYAMA」ほどの市民権はまだ獲得できていないから、海外での講演でこの話をしようとするとちょっと面倒です。西日本と中国の天津辺りは、原植生は近似されるのだそうですが、林や森は放っておくと単一植生に向かいます。雑木林のようにさまざまな樹種が混在する林というのは、継続的に人の手が入っていないと成立しません。だから、植生が違って見える。そうした点で、雑木林は里山と重なります。化石燃料が支配する以前、雑木林はまず柴という燃料の供給源として大切な存在でした。同時に建材の供給源でもある。目的に応じたさまざまな樹種が植えられて育まれている。人の手が入り続けているので、下草は刈り取られ、明るくどこまでも分け入って行ける。雑多な木があるので、生物多様性も維持されています。中間期の晴れた日の雑木林の中を歩く体験は、私にとっては自然の中の「◇-traversing」を許容する場のモデルとなっています。木立ちを通した見え隠れ、落ち葉を踏む音や、風による揺らぎ、木漏れ日など、環境の総体が適度な揺らぎに満ちた状態で現れて身体を包み込みます。人間の側の都合だけで言えば、こうした中間期の快適な気候条件の中の晴れた日がずっと持続するならば建築なんていらないかもしれない、だけど雨も降らないのでは植生が持続できない。このジレンマが建築の始原だとするならば、建築を通して獲得するシェルター、あるいは目的的機能を内包する空間をどこまで雑木林的に作れるかという思考があってもおかしくないのではないでしょうか？

建築を、「ミース・モデル」の、あるいは機能論の窮屈さから解放したいという思い。それは、建築を、良い季節、良い天気の雑木林のように作り出したい、と言い換えられないでしょうか？

雑木林は、環境的、気象学的、アクティビティ的に、〈小さな矢印〉に満たされた場所として捉えることができます。人の手が入り続けているから、森林に分け入って行くのとは違う安心感があります。かといって、公園とは異なり散策することを目的化していないので、経路選択をその都度行いながら巡り歩く空間です。

同じような捉えかたができる建築を設計してみたい。そのための私たち自身のトライ・アンド・エラーとこれから、を次項から描き出してみます。

〈雑木林的〉：直喩的

「中里村」のプロジェクト（78ページ）は、アート・トリエンナーレの会期中成り立てばいいという特殊な状況下での、プリミティブなプロジェクトでした。木陰に本と座る場所があれば図書館になる、と言い切ってしまった。この本で書いているようなことは、直観としてはあったかもしれま

図6-3　武蔵野の雑木林

せんが、まだ言語化できていなかった。むしろ、このプロジェクトを実現して体験してみたことで気付きが生じたといったほうがいいでしょう。

50日間、100mのカウンターの上に本を並べ、天気が崩れそうになるといつ本を片付け始めるかを案じながら空を見やる。屋根がないということで、大変気候にコンシャスな場所なのでした。

岡山県の穏やかな山中の吉備高原都市にある「吉備高原小学校」（1998年）のプロジェクトで声が掛かって初めて敷地を訪れた時、敷地そのものは、既に隣の中学校用地も併せてひな壇で平らに造成されて年月が経過していました。開発エリア全体の植生保全などの計画に宮脇昭さんが関わっていらしたということで、造成法面には原植生を生かした植栽が施され、造成前に山に生えていた樹木の中から、良い木は「木の畑」に植え替えられていて、移植費自前で用立てればいくらでも選んで使っていいというシステムも用意されていました。私たちは「RC2階建て、エレベーターによるバリアフリーの確保と内装には木を使ってほしい」という設計条件を、木造の平屋でバリアフリーを確保し、校舎の中に中庭がいっぱいあって、そこにもともとこの土地に生えていた樹木をたっぷり植えることで、将来は樹木の枝がはった下に校舎があるという風景になるような学校を提案して受け入れられました。教室は3面が木製建具による引き戸の開口部のガラス面で、コーナーは建具を引き分けると柱も方立も残りません。冬以外は外も中もないような開放的な空間が実現できました。実際には、冬も結構コーナーの建具を開けて別の場所への移動でショートカットしていますから、オールシーズンと言ってもいいでしょう。文字通りに、自然そのものの「雑木林のなかに学校がある」ような建築です。落ち葉のメンテナンスに難儀しないように、軒樋は設けず、雨水は砂利を敷いた地面の中の透水管で受けています。「上の道」と称する屋根面が凹型になったRCの通路で木造部分を分割し（大規模木造を一般的な申請で建てるための分棟扱いでこのRC部分が必要です）、平屋の屋根にはそこから簡単に上がることで地域の人で屋根の落ち葉のメンテナンスもできるように設えてあります。

樹木と木造・RC造の混構造の躯体、それに黒板壁によって見え隠れする子供たちは、実際の人数よりもはるかに大勢いるように感じられます。このプロジェクトは、自然の雑木林の中の状態に、建築空間を直接的に近づけて設計した事例です（図6-4〜5）。

もうひとつ、この学校で初めて可動の黒板を導入したことは大きなトピックスでした。教室＝正面にある黒板という図式から自由になる。可動の黒板そのものは、「白石第二小学校」（北山恒architecture WORKSHOP＋芦原太郎建築事務所、1996年）を見学した時にこんなことが出来るんだと感動して以来、私たちなりの可動黒板をデザインして使っているアイデアです（黒板や教壇というものをどう捉えるかは、特に普通教室では教育のポリシーの根源に関わる部分なので、毎回提案し、相手となる教育委員会やエンドユーザーが受け入れてくれたら採用となります。だから、例えば「美浜打瀬」の普通教室の黒板は固定ですが、それでもオープンスペースを用いたエデュ

図6-4 吉備高原小学校

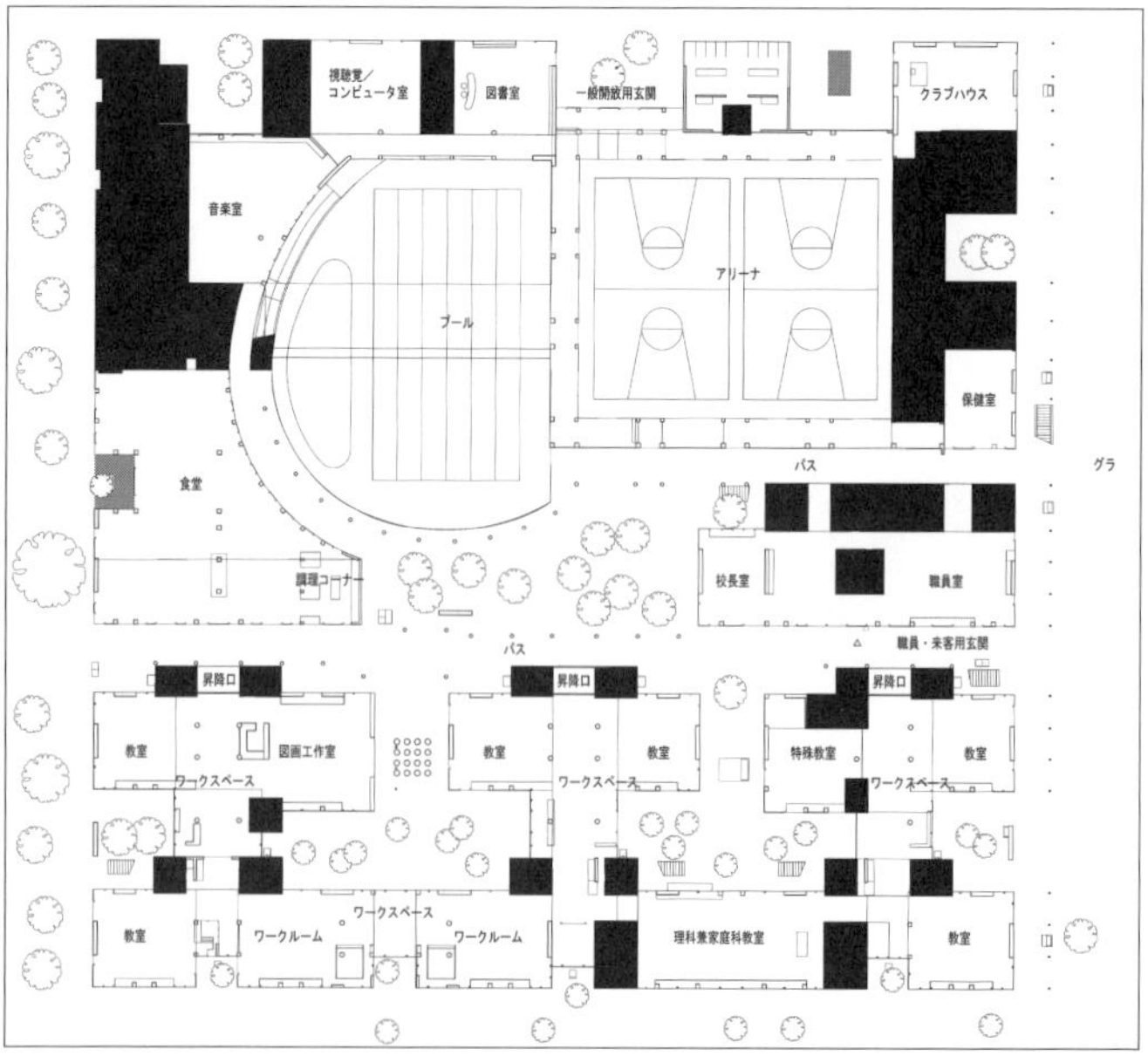

図6-5 吉備高原小学校 平面図

ケーションの場としては素晴らしい使い方をしてくれています）。季節や授業形態などに応じて先生が可動黒板をセットした所が教室になる、という点で「吉備」は、後の「宇土」につながっていく自在な学校の発端です。

もうひとつの直接的に雑木林的環境に〈すべりこもう〉としたプロジェクトが「柿畑のサンクン・ハウス」です（2010年、図6-6〜7）。柿畑は雑木林ではありませんが、柿を取りやすいように樹高が抑えられて、枝がほぼ一定の高さで水平に広がっています。敷地の2辺を生産緑地ゆえ長期にわたって維持されるであろう柿畑に囲まれたこの場所で生活するのには、柿畑の枝の下に連続するように屋根がある住宅がフィットしているのではと考えました。そのために、1階の床面は周囲の地面より70㎝低く設定されています。四周がガラスで囲まれたこの家の中にいる体験は、毎日決まった時間にやってくる猫たちと目線がちょうど合うなど、新鮮です。アイランド・カウンターのキッチンで調理していると、ちょうど正面に柿畑の枝の広がりがあり、その樹下に猫たちがやってくる。室内を黒っぽく塗って仕上げているのも、この方が外がくっきり見えて、室内にいても外の景色の中にいるように感じるからです。柿畑の側からは、この住宅の外観は樹木に同化してしまってほとんど分かりません。

この住宅は、私たちの設計したプロジェクトとしては珍しくフィックスガラスを多く用いています。それでも中央部だけ飛び出した2階の床をファイバーグレーチングの透ける床とすることで、暑い季節には1階の開く窓から室内に入った空気が2階の窓から抜けていくことで家中に新鮮な外気が行き渡ります。白いパネルがすべて可動で、時間によって仕切りの位置（設え）が自在に変わるのもこの小さな住宅の特徴ですが、それも、建築に合わせて人が活動するのではなく、人に合わせて建築の空間がどんどんスイッチしていくという自在さを獲得することにつながっています。住むための領域を柿畑の枝の下の延長に獲得した後は、できるだけ中も外も自在で開放的に設えることで、建築の中で生活していると感じないような家が実現しました。

これらのプロジェクトに共通するのは、快適な時期と状態の外部空間に、建築の空間を〈すべりこませよう〉という姿勢です。先に取り上げた「ＨＵＡ」のような大きなプロジェクトでも、周囲にそれを受け入れるだけの自然の潜在力がある場合は、同じアプローチを取っています。単に形態として樹木の下に建築があるというのではなく、雑木林（あるいは柿畑やマングローブの森）がもっている風や木漏れ日、音や生態系といった全体の中に、それらを壊したりディスタープすることなく〈すべりこむ〉こと。そうした態度を〈耕す〉ようにとして述べてきました。建築が〈すべりこむ〉ことでさまざまな〈小さな矢印〉が元よりもイキイキ感じられるように人の活動の場と自然を重ね合わせようとしています。

図6-6　柿畑のサンクン・ハウス

図6-7　柿畑のサンクン・ハウス 内観 天井が枝下につながる

〈雑木林的〉：建築的

〈雑木林的〉な建築空間を実現するのに、本物の雑木林の中に建築を溶け込ませるようにして実現しようとしたのが前段で取り上げた事例でした。そのような方法とは別の、リアルな樹木の群に依存せずに、建築的な構成要素だけでフィクショナルな〈雑木林的〉空間ができないものだろうか？最近はそんなことを思い描くようになりました。この場合の〈雑木林的〉か否かの判断の基準は、リアルな雑木林の中を歩いているときに五感に感じるような〈小さな矢印〉の流れる場が建築内部に成立しているかどうか、そして、「雑木林の中を散策する」ようなさ迷い歩きを許容する空間になっているかどうかだと考えています。「◇-traversing」は、空間の中にさまざまなアトラクターが存在しないと発生しようがないから、空間内のダイバーシティも必要になります。

建築というものは、3章で取り上げたブラジル近代建築のような例外はあるにしても、通常はどうしても外部と内部がいったん遮断された容器的空間となります。その内部にいてさえ、場的なものの複合体として空間を感じられるかどうかが問われると言ってもいいでしょう。

図書館というビルディング・タイプは、古くはパリにあるアンリ・ラブルーストによる国立図書館の事例に遡り得るような、広がりのある空間を求める一方で、大スパンである必要はない＝多柱室が可能、という特性をもつことによって、アクティビティ的にだけではなく、空間タイプ的にも、雑木林の木漏れ日の下といった形式を可能としています。それだけに、いつかは実現するプロジェクトに取り組んでみたいと考えているビルディング・タイプのひとつです。

現在の日本の公共図書館は、かつてのように短時間で探している本にたどり着き、それをすぐに借りて立ち去るといった施設ではなく、本との出合いを楽しむように巡り歩き、ゆったりと本にひたるような場所に変わってきました。本の森、本の雑木林の中を散策するという例えが最も似合うビルディング・タイプです。

「Kライブラリ」は、そんな現在の地方都市の公共図書館へ向けたコンペ案です（2008年、図6-8）。メディア論・図書館情報学の専門家である桂英史さんと共同で提案した案は、残念ながら高度成長期の図書館モデルを今も信奉する一部の審査員に理解されず最終段階で落選となりましたが、本に囲まれた居場所である〈書斎〉が50連なるこの空間構成は、現在の図書館の組み立て方として有効だと今も信じています。高くて軽い屋根からは、均質な光が全体に降り注ぎ、その屋根は細い柱で支えられる。高さ1・8mの常識的な高さの本棚によって囲まれた各書斎の壁面の上部は開放されていて、大きな空間の中で、家の延長あるいは拡張として捉えられるようなリビングスペースの連続体として、落ち着いた居場所がいろいろな方向に連なっています。その空間は、2章で取り上げた「シアトル・パブリック・ライブラリー」のリビングスペースが都市空間の侵入だったのとは異なる、家の中のリビングルームの延長としての書斎ですから、日本的な高齢社会の優しさに満ちた空間かもしれません。書斎はさまざまなサイズで、各々美術だとか写真集、歴史といったテーマ別配架に対応できます。この開架閲覧室は2階建ての建物の上階に位置し、エントランスからは中央の吹抜けを上ってアプローチします。ここでは、建具が入らない本棚の壁による空間の分節によって、本の雑木林を巡り歩く体験、雑木林の中で自然光に満たされて本を読む体験が実現されたでしょう。コンペに負けるのはいつだって悔しいものですが、このコンペ案で勝てなかったのは、その中でも一番悔しい体験でした。

「UCA」のナリンキャンパスの図書館（図6-9）では、中庭を囲む複数の円形の書架とそれに囲まれた閲覧室によって、全寮制のキャンパスの中のリビングスペースとなるような図書館を設計しました。カーブした書架に沿って歩くと、先が見えない中でシークエンスがどんどん転換します。書架は円弧上に何重にも配置されていて潜り抜けることができ、最後は中庭にたどり着きます。ハイサイドライトからの自然光によって、光のグラデーションが書架の本の背表紙による壁面と応答します。季節や天候で変わる自然光の状態によって、その都度のさ迷い歩きで足が向かう先が変わるような空間を作れたらと考えました。こうした拡散光に満たされた空間を、このキャンパス計画では〈Yellow Space〉＝〈Winter Living Space〉と名付けています。冬はマイナス20度にもなる中

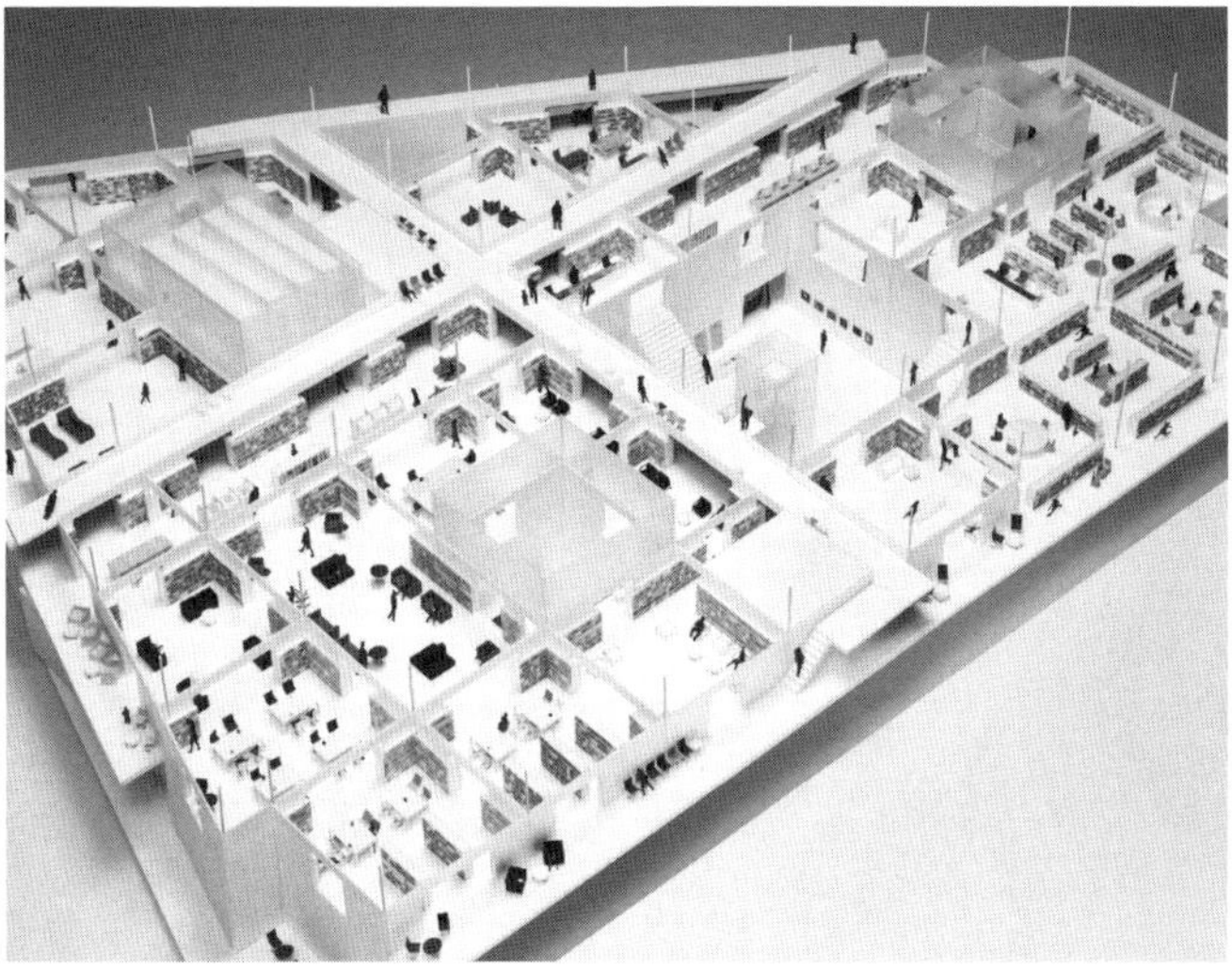

図6-8　Kライブラリ コンペ案

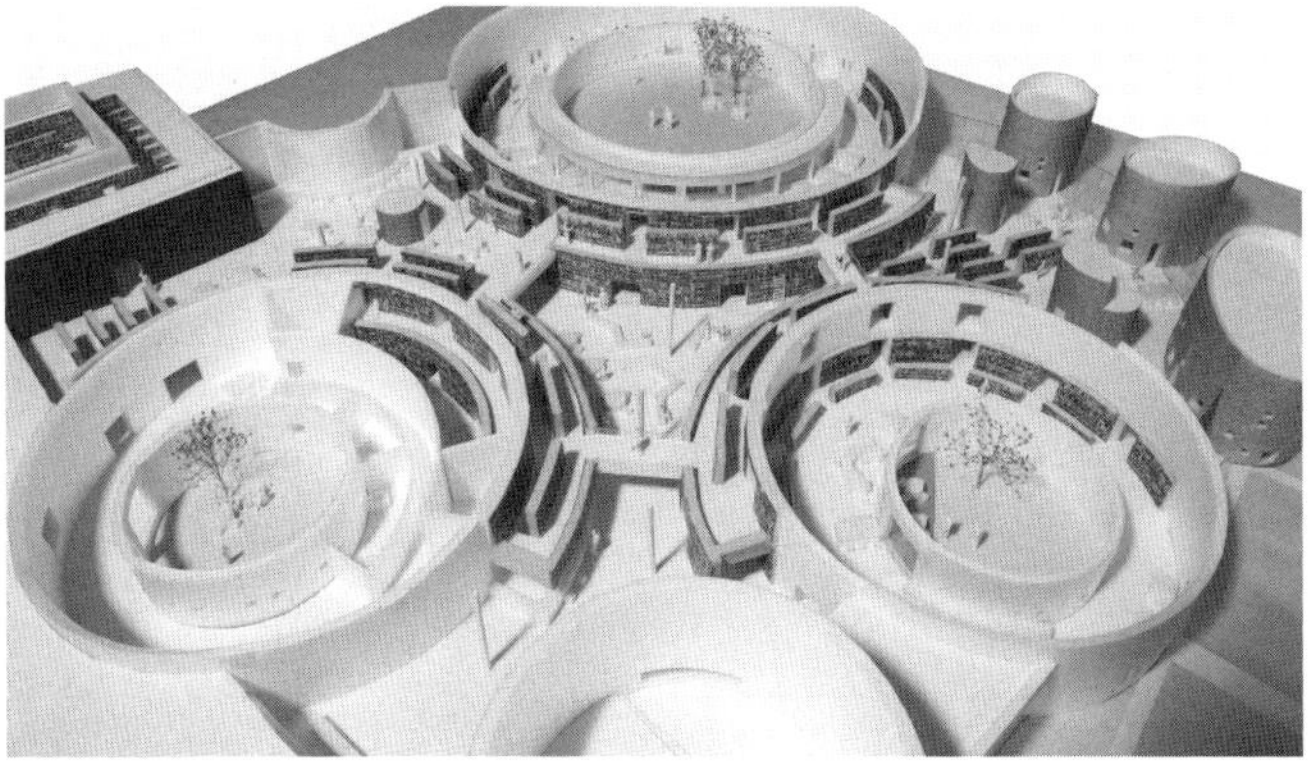

図6-9　University of Central Asia (UCA) Naryn Campus Library

央アジアの標高２０００ｍの谷に立地するキャンパスの建築は、寮を含めてすべてインテリアでつながれ、各所に〈Yellow Space〉が飛び石のように配置されて、発見されるのを待ち受けています。短いけれども乾燥してさわやかな夏のリビングも、同じように飛び石状に配置され、こちらは〈Blue Space〉＝アルフレスコ（半屋外）の空間です。キャンパス全体に、〈Yellow-Blue〉の布陣を張り巡らせて、雑木林の散策的アクティビティを作ろうとしているとも言えるでしょう（図6-10〜11）。プロジェクトそのものは地域のソーシャル・カルティベーションをも目的としているので、竣工まで25年というゆったりとしたペースで、今も建設が進行しています。

「国際交流基金情報ライブラリー（ＪＦＩＣ）」（２００８年）は、改装のプロジェクトですが私たちにとって初めて実現した図書館です。私企業の本社ビルとして設計されたビルを一棟丸ごと国際交流基金が本部として借り上げてコンバージョンする。その1〜2階には吹抜けがあり、その部分を情報ライブラリーとするといったプログラムの公開プロポーザルが行われました。そこに私たちは、吹抜けの高さいっぱいの床から天井に達する７ｍの鉄板によるシェルフとランタンによって、「情報の森」を提案しました（図6-12）。幅が小さいシェルフが一見ランダムに乱立する中を巡り歩く体験の中で、情報に接します。2階の床がある部分でも、シェルフは床を貫いているかのように配置されます。幸い3方向がガラスで、建物が面する新宿通りからは奥が南というロケー

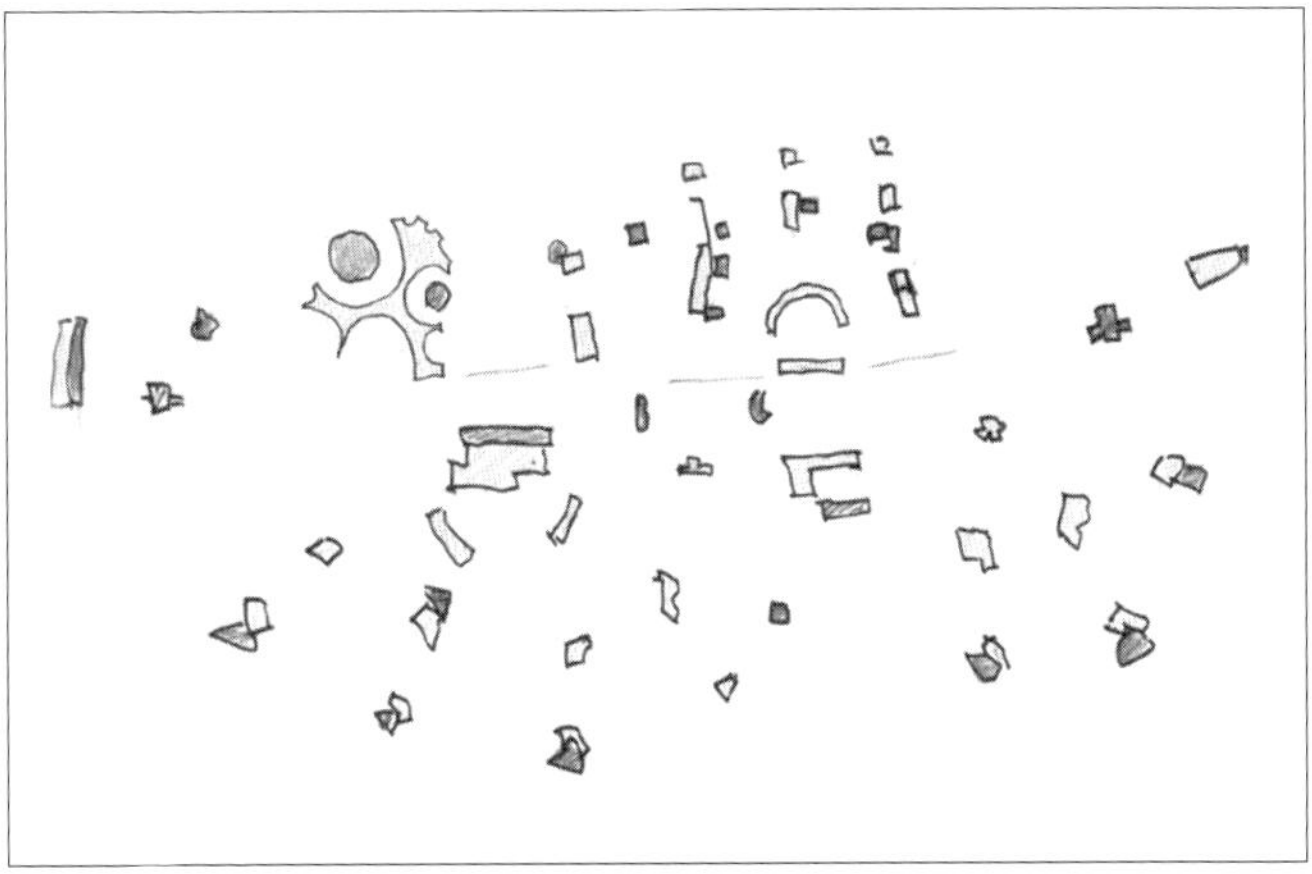

図6-10 UCA Yellow-Blue の表記によるキャンパス全体の布陣

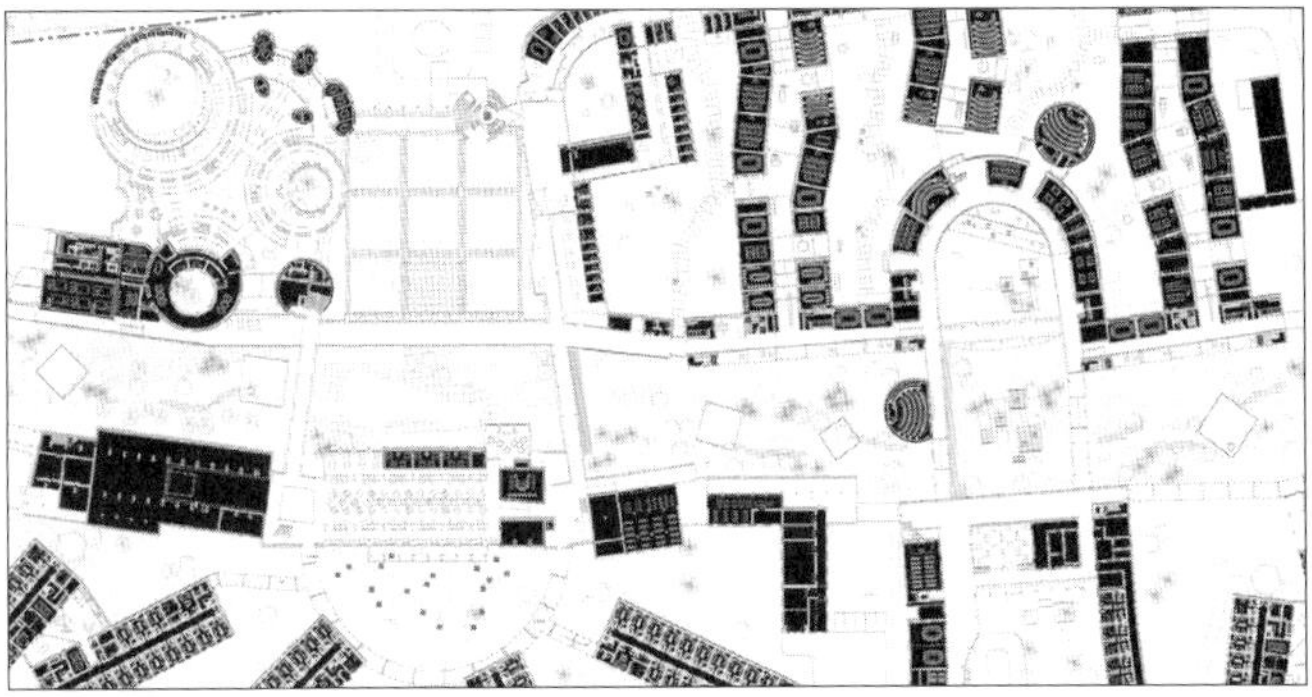

図6-11 UCA〈黒／白〉平面図（1 階部分）

ションだったので、通りからは７ｍのシェルフ越しに逆光の光が来るので、インテリアの設計ということを感じさせません。シェルフの合間に、デスクトップがあって情報端末が配されます。道路側吹抜け空間には、テキスタルデザイナーの安東陽子さんによるランタンと呼んでいるランドマークにもなる赤いシェードの下にリィーディングテーブル（図６‐13）。樹木に見立てられたシェルフの合間で自然光に満たされて情報に接する、そんな体験がここには待っています。

こうした、〈雑木林的〉な建築空間は、何も公共の図書館などの大きなプロジェクトじゃないと成立しないという性格のものではありません。例えば東京の下目黒という落ち着いた住宅地に建つ、４戸のセミコーポラティブの集合住宅「グレインズ・シモメグロ」（２００７年、図６‐14〜15）は、その建ち方と内部空間の両方で空間のフルイディティを考え抜いたプロジェクトです。

東京の都心に近い住宅地では、昭和40年代くらいまでに建てられた、比較的敷地が大きく庭もあるような戸建て住宅が、小さい集合住宅へと更新される事例が多くあります。もともとの戸建て住宅は敷地のもつ容積率を使い切っていないからゆとりがあり、それがゆったりした地域の住環境を作り出していました。そんな住宅地が代替わりに伴う相続税やら諸々の事情で容積率を使い切るような高密度な建物に更新される。これは、経済優先の市場原理で放置しておく限り、必然的でありどうしようもない。一方で、建築家としての私たちには、新しく建築が建った時に、自分の設計す

図6-12　JFIC 内観

図6-13　JFIC 道路からのランドマークになるランタン

る敷地の中だけではなく、近隣にとっても、建築が更新されたことで全体が良くなったと受け取ってもらえるような設計をしたいという思いがあります。ここでは、建築をひとまとめに建てるのではなく分棟に近い配置としてグレイン（粒子）化しています。そうすることで北側にも自然光が届き、風の流れも妨げない。不整形な敷地の中で、建築のヴォリュームを自ら隅切りすることで、そうした効果がさらに高まります。

住戸はすべてデュプレックスで、ワンフロアが50㎡くらいのワンルームが2層重なって一部に吹抜けがある構成です。RC壁式構造で、外壁だけではなく空間の中央に3枚の壁が独立して立っています。この90度異なる方向に立つ3枚の壁のおかげで、外壁の開口や吹抜けを自在に開けることが出来るようになるのですが、室内で程良い見え隠れも生じます。

外壁側は、変形したおむすびのようなプランの内側をラウンドエッジにして、さらにザラザラしたマットな素材で仕上げているので、どこまでもシームレスで、柔らかい光のグラデーションとなって現れます。周囲に垂直のエッジがないので、3枚の壁の背景となる外壁は、距離感も宙に浮いたようによく分からなくなる。光や風のFluid（移ろい）にとても鋭敏に反応するこの空間の中では、時間や天候の変化、雲の動きや周囲の樹木の揺らぎが影になって現れることなどによって、時空間両方が宙吊りにされたような浮遊感のある、ちょっと不思議な体験に出合えます。自立した3枚の構造壁なしのワンルームだったとしたら、この空間そのものが流れているような現れは期待

図6-14 グレインズ・シモメグロ

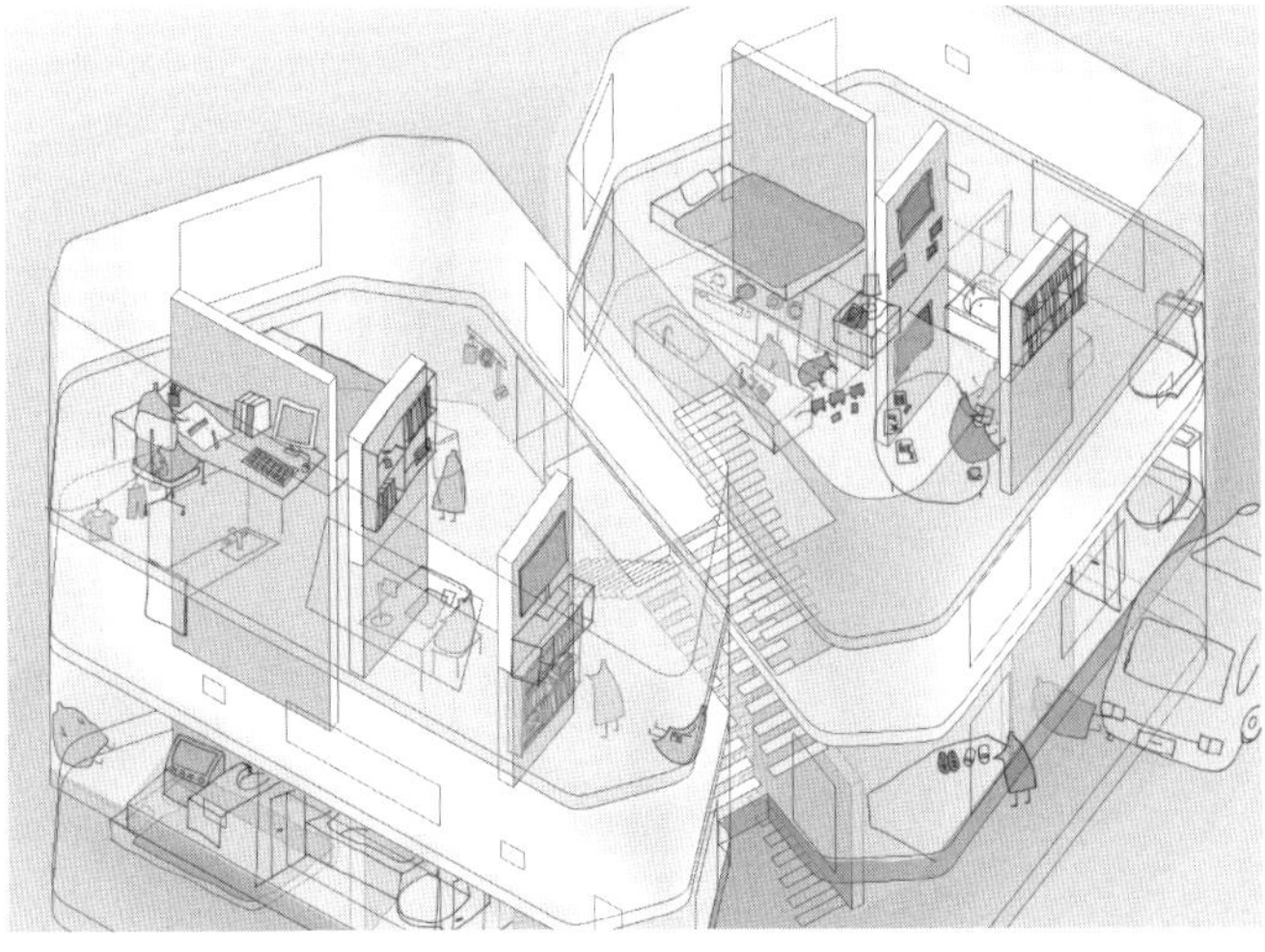

図6-15 グレインズ・シモメグロ アクソメ図

できません。

小さな建築では、相対的にちょっとしたディテールの扱いでモノがモノとして生々しく現れてしまい、距離や空間の抽象度を損ないます。だから、この建築では、例えばアルミのサッシがほとんど見えないように室内側の壁を操作し、壁にただ孔が開いているように見せるといったことには気を使いました。もうひとつは素材で、これも公共建築では用いにくいような、光に対する反射でデリケートな質感を持つ素材を選んでいます。結果として、例えば本を読んでいてふと顔をあげると空気の様相が変わっているような場所が実現出来ました。

図6-16　宇土小学校 模型（プロポーザル時）

「〈雑木林の木陰に教室群がすべりこむ〉限りなく外に近い学校」を作りたい、という提案をプロポーザルコンペで行い、実際に実現できたのが熊本県にある「宇土」です（図6-16）。この時に、初めて〈雑木林〉という言葉を正面に据えました。

この学校は、通常の片廊下に面して閉じた教室がならぶ校舎でないのはもちろんですが、いわゆるオープンスクールとも異なります。コーナーがラウンドしたL型の壁（以下L壁）が校舎中に散在し、そのL壁の周囲に（内側に、ではありません）クラスの場所が現れる。空間を領域として規定するのではなく、場的に、アクティビティに従って生成するものとして捉えています。

そして、外壁はそのほとんどが床から天井までの折れ戸で、冬以外はほとんど全開されていて、そうなるとコンクリートの躯体だけが立ち上がっているかのように現れる建築です。

ルイス・カーンという建築家が、学校のエッセンスについてこう述べています。「教えることのできる能力のある人と、その人から何かを学びたいという人たちがいて、一本の木の下に集まる、それが学校の「フォーム」である」。「フォーム」という言葉は、カーンの用い方では原型やエッセンスのような意味で、「フォーム」を理解（リアライゼイション）した後に、「シェイプ」（かたち）が現れるとしています。図式的に「宇土」を樹木の下に表わすと、800人を超える人数の子供たちに対してものすごく巨大な広がりのある木となるわけですが、それでは収拾がつかなくなるのが目に見えていますから、離散的にならざるを得ません。

散らばった樹木の下、各々にさまざまな人の集まりがあるという図（図6-17）は、まだ壁のような隔てるための道具立てを用いずに距離空間だけで異なる場所（＝異なるクラス）を獲得しようとしている、場的な空間です。そこに、L壁がこれも散らばって配されると、それでほぼ小学校が成立する。そんなイメージをファースト・スケッチとして描きました。L壁そのものが、カーンの

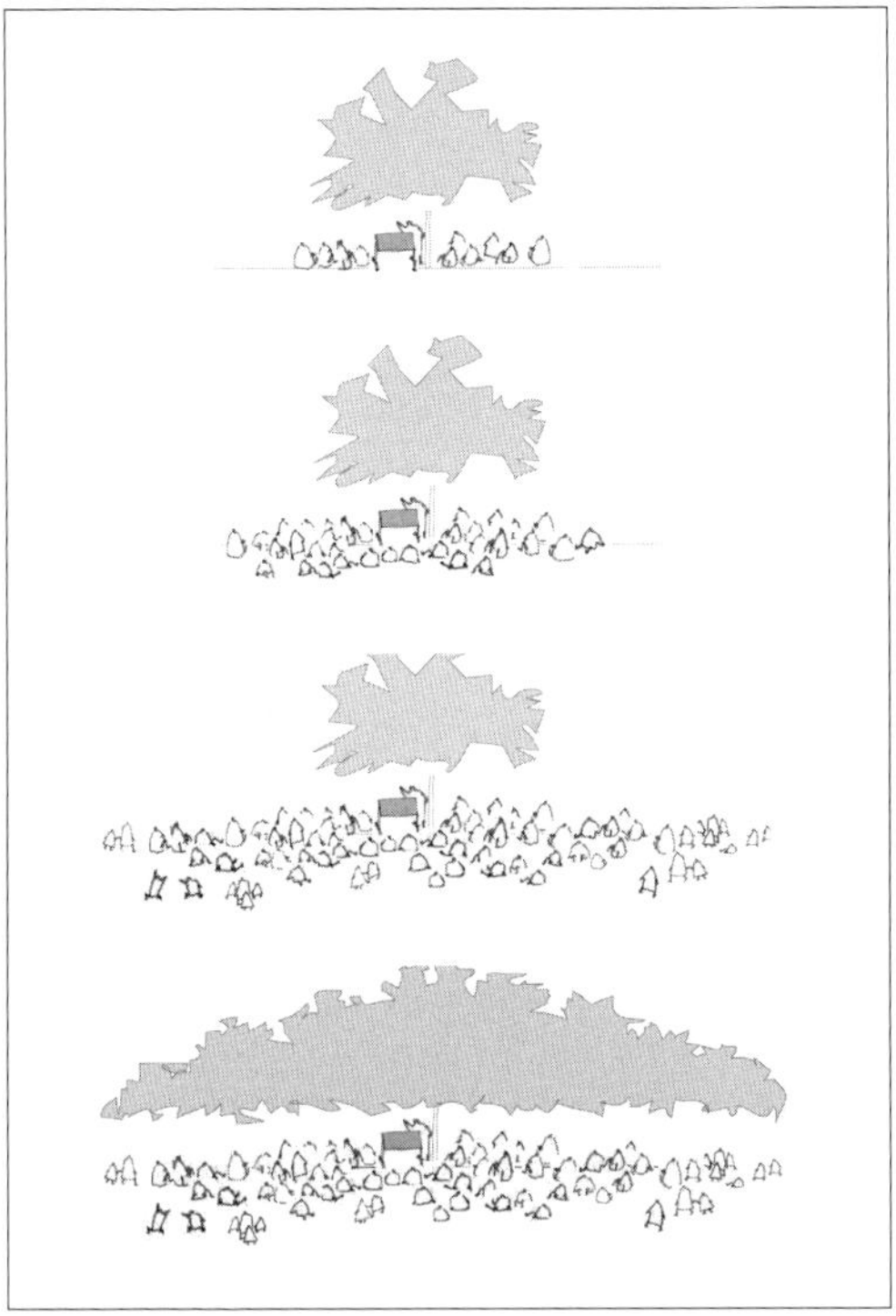

図6-17 一本の木の下に学校が現れる ルイス・カーンの言葉を800人に適用すると?

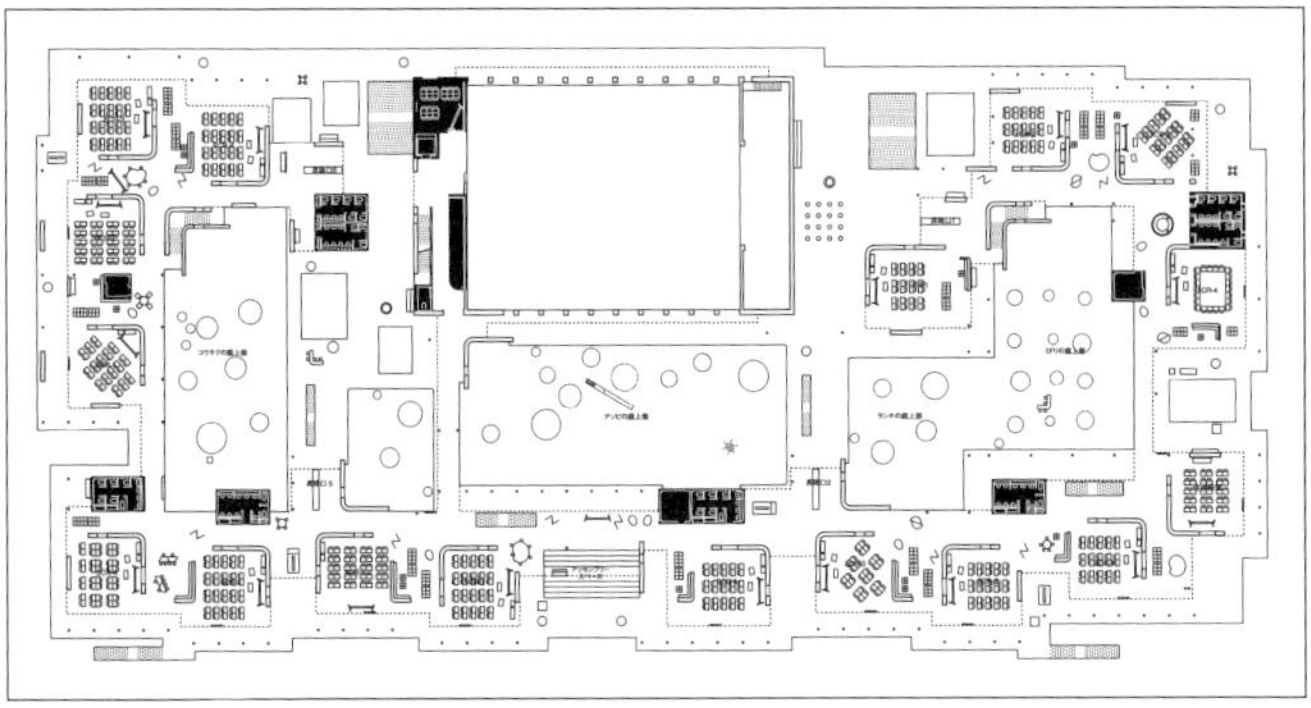

図6-18 宇土小学校〈黒／白〉平面図

言う樹木に相当すると考えています。だから、雑木林の樹木の配列に程良い散らばりがあるのと同様に、L壁の配置にも揺らぎや散らばりが必要です。一直線に並んで均質になるのではなく、L壁そのものもさまざまな向きになります。その散らばり加減によって、子供たちは活動とその人数に応じてその都度の場所を選んでいます。数人での学習活動にはL壁の外側でサンドイッチされた小さなスペース、大勢がギュッと集まる時にはまた別の場所、音楽のパート練習には、中庭の渡り廊下の広い場所が風通しも良くて気持ち良いという具合。歩いている時には明るい雑木林の中を歩いていているようなシークエンシャルな場面展開が生まれます。ここでは、L壁は、単に隔てるための道具ではなく、L壁が置かれることで周囲に場が出来るという働きをもっています（図6-18）。

「宇土」でも、黒板は固定ではなく可動です。だから、先生によって、あるいは同じ先生でも季節によってどっちに黒板を配置するかという教室の設え方が異なります。可動の黒板は、基本的にはL壁の内側にありますが、たまには外側に連れ出しても構いません。Lのコーナーに斜めに置く先生、Lのどちらかの直線壁に平行に置く先生、窓側に置く先生もいればLの壁が途切れた所をふさぐかたちでパーティションのように配置する先生とさまざまです。可動黒板は、子供たちの視線を集め、板書をすることもあるという意味でクラスの焦点となる、周囲に場を作る存在です。L壁と可動黒板、両者がアクティビティの離合集散の起点になります。

1月半ばの寒い季節に、初めて敷地を訪れた時には、少し先も見えないくらいのどしゃ降りの雨でした。それでも、樹木の葉っぱがしっかり濃い緑で、この土地の植生の強さが印象に残りました。それが、「限りなく外のような」学校を考えようとした発端です。

もともとグラウンドの周囲にあった樹木は、植物の健康のためには密度が高過ぎるという専門家のアドバイスを入れて間引きながらできるだけ残しました。連続する中庭や校庭側には新たに木を植えて、窓を開けると樹木に囲まれているような環境を目指しています。

「建築的な雑木林」と「自然の雑木林」が融合した、初めてのプロジェクトはこうして出来上がりました。

「宇土」では、改築以前から春から秋にかけての期間、子供たちは、登校後は一日中裸足で過ごしていました。グラウンドに裸足で駆け出して行って、戻ってきたら足を洗って中に入る。上下足の履き替えという日本独自の慣習から自由だったわけです。履き替えがあると、どうしても上足の領域と下足の領域が区分されます。黄色い線を床に描くなどしてまで履き替えをちゃんと躾けることが教育の大きなテーマになっていたりもします。それに対して、ずっと裸足というのは「足を洗う」というルールは必要ですが、外部と内部は連続的に捉えられますから、この計画でやろうとしていることと、とても相性がいい。だから、どこからでも出入りできるこの校舎には、ウッドデッキの立ち上がりの段差など、至る所に足洗い場が仕込んであるという次第です（図6－19）。

宇土市は、有明海に面する半島の付け根に位置します。有明海は遠浅で凪の海として名高いところですから、夏にほとんど風が吹きません。平均風速が2m／秒あるかないかです。夏の風は、この敷地には西側に見える山の方から吹いてきます。山に雲がかかったなと思ったら、10分かそこらで雨が降ってくる。現場監理中には天候の影響は大きいのですが、現場事務所から山を見てそうした経験値が身に付きました。

風速が4m／秒を超えるくらいだとCFD解析の結果を予測するのには負圧のポイントを探していけばいいのですが、微風だと正圧で風を押し込まないと室内に風は流れません。そこを理解していなかったので、「HUA」の体験から負圧ポイントを抑えて設計しても結果が付いてこないで、「ホーチミン」のふたつのプロジェクト以降お付き合いいただいている環境シミュレーションの阪田升さんのアドバイスでやっと流れをつくることができました。風通しというのは、完成してみれば誰にでも○か×かがはっきり分かる上に、いったん出来上がった建築で後から手直しするのはほぼ無理です。設計中はコンピューターが描き出した図やムービーで説得できても、失敗したらどうしようもない、本当に手強い相手です。2階の教室には採光も兼ねたハイサイドライトの越屋根をL壁の内側のコーナーに設けているのですが、この部分の設計など基本設計時はもちろんのこと、

図6-19 宇土小学校のアクティビティ

現場でもＣＦＤ解析をしながら建具の開く大きさを調整しています。実際にオペレータで窓を開けると空気が動くのが体感で分かります。

空間がどこまでもひとつながりでそこに大勢の子供たちがいるこうしたケースでは、音の問題も大きなファクターです。「打瀬」が使われ始めてからそこにリサーチに入っていた音響工学の上野佳奈子さんたちに、「打瀬小増築棟」（２００５年〜）の設計以降、「美浜打瀬」やこの「宇土」でも、専門家としての見地からアドバイスをしてもらっています。音楽ホールなどの閉じた空間の音響と比べると、オープンスクールの音環境というのは専門的にもまだあまり研究されていない領域だということでした。音が空間をディスタープするのを防ぐには、吸音材のスペックと配置の検討はもちろんですが、その手前でＬ壁をどう配置して直達音を低減するのかが大きく、Ｌ壁配置の検討に際しては音も重要なファクターになっています。一方で、ユーザーの音に関する空間リテラシーも大切な問題です。一般に、閉じた教室に慣れている先生たちは子供たちが大きな声ほど元気が良くていいという価値観をもっていますから、オープンな環境に馴染むにはそれなりの時間が必要になります。

この校舎では、縦樋をほとんど設けず、ガーゴイルを多用することで雨も視覚化しています。庇の先端に付くコンクリートで作った大きな断面の軒樋とセットです。建築近傍の雑木林化を考えた時に雨樋のメンテナンスから樋をオープン化することが必要だったのももちろんですが、流れるものを隠蔽しないでポジティブに見せていこうと考えたことも大きなファクターです。

温熱環境に対しては、すでに書いたようにこの地域の公立の学校では冷房だけでなく暖房もありません。でも1カ月ちょっとは寒い期間があるのは事実です。データで見てもその期間には何らか暖房があったほうがいい。暖房に関しては、使い始めてから、様子をみながらペレットストーブを設置できるように腰壁を設けてスリーブを抜いてあります。福島原発事故後の今も、国の全公立学校の将来の冷房化の方針は変わっていません。事故前に設計されて工事が始まっていたこの校舎では、エアコンと室外機をつなごうにも外壁がほとんどありませんから、冷房設置用の小さな配管スペースと鳩小屋（屋上に配管を出すための小さな小屋のような立ち上がり）が教室ごとに用意されています。実際に使い始めてみて、「暖房がほしい」という声は多く、ペレットストーブの設置は検討が始められていますが、冷房がほしいという声はありません。

話が随分細かくなってしまいました。このように、設備機器と閉じた空間に依存するのではなく内部も外部も限りなく外のように開放的に建築を作るとなると、空調などに慣れきってしまった私たちの身体が許容するようにもう一度20世紀の技術の発生時点に立ち返ってあらゆる事柄を再検証する必要がでてきます。そんな時に、以前とは異なって、ＩＴとシミュレーション技術の進化によって、設計時に相当リアルに建物の完成後の状況が予測できるようになってきました。私たちは、そうした技術を踏まえた〈小さな矢印〉の流れを考えるデザインを〈Fluid Direction〉と呼んでいます。

Fluidとして捉えられるのは、風や水（「風水」は古代中国の教えでした）に始まり、光・熱・音といった環境的ファクターにとどまらず、物質の中の力の流れから都市やアクティビティにまで広がることをここまでに見てきました。

こうした思考の先に、どんな建築、どんな世界を描き得るのかを次の最終章で考えてみたいと思います。

第７章　〈小さな矢印の群れ〉から〈白の濃淡〉へ

〈小さな矢印〉は、普通は、ターゲットに定めた現象を解析した結果として描かれます。風の解析なら風洞実験や実物の測定結果をフィードバックして、だんだんシミュレーション（CFD解析）の精度が向上してきます。ある程度まで精度が上がると、設計中のモデルを解析して結果が予想できるようになります。今は、それがパソコンでも可能になって実用化されるようになりました。3・11の津波の後、膨大な津波の映像が記録されたことによって津波シミュレーションの精度が格段に向上したとも聞いています。いろいろなパラメータを調整することによって、映像に残された津波とシミュレーション結果を漸近させていくことができるというわけです。地震や津波は風と違って甚大な被害が生じないと検証できないという点で複雑な思いにさせられます。

あるいは、「地球シミュレータ」というテクノロジー。気候変動の原因になるような大気や海流の流れまでをも〈小さな矢印の群れ〉として捉えています。相手が地球ですから、解析して何かが判明したとしても、それをどう実際に地球規模で用いるのか、気が遠くなるような話です。宇宙船地球号を相手にした〈大きな矢印〉的対処はとても無理で、地球全体を〈耕す〉ような〈小さな矢印〉的対処が必要になってきます。気楽に開発し、スクラップアンドビルドしてきた20世紀的なやり方と比べた時に、本当に面倒で大変なことですが、そうした「流れるもの」を複合的に扱って新しいデザインへとつないでいくこと、それが〈Fluid Direction〉として語ってきたことの総体です。そして、そんな思考の先にどんな設計が可能かを探求した結果〈雑木林的空間〉が見いだされたのでした。

2章〈黒と白〉の最後に、〈白の濃淡へ〉として、〈白〉の空間の内部の状態は一様ではないことに触れました。実際、前章の最後に取り上げた「宇土」で実現された空間を語ろうとすると、もはや〈黒／白〉の表記だけでは、その空間の質を伝えきれません。ほとんどの空間は〈白〉、内外含めてひとつながりなのですから。そのどこまでもつながっていく空間の中に「L壁」と「樹木」が離散的にあってさまざまに変動する場が生まれるのです。ここまできて、やっと「はじめに」で述べた「空気」の話にたどりつけたというわけです。春から晩秋にかけての建具が開け放たれた「宇土」は、そのようにして〈雑木林的空間〉足り得ています。

なぜ、「グレー」ではなく、〈白の濃淡〉という語り方をするのか？　「グレー」だと、どうしても〈黒の空間〉と〈白の空間〉で区分しきれない、その間に位置する曖昧な空間だと受け取られてしまいます。そういう「グレー」の空間が実際にはいっぱいあるのは事実、というより、ふつうに建築を設計するときに設計者は〈黒／白〉で思考するわけではないので、いろいろな建築を分析して平面図を〈黒／白〉で塗り分けてみても、どちらともつかない場所がいっぱいあるわけです。「シアトル・パブリクック・ライブラリー」のようにくっきり塗り分けられるのはむしろ例外です。設計者が設計プロセスのどこかで、一度プログラムをダイアグラムに還元して検討している建築は、のように、「せんだいメディアテーク」や「金沢21世紀美術館」のように、簡単に塗り分けられるように見えて、やってみると実は難しいなどということが起こります。このレベルまでくれば、間違いなく名建築。建築家が「図式への還元」と「図式からの脱却」という真逆のスタディを繰り返さないとこの次元には到達できません。

「宇土」の場合、〈黒/白〉で表記すると、倉庫やトイレ、それに部屋として閉じていて特定の用途が割り当てられる「職員室」「保健室」や特別教室群が〈黒〉となります。それ以外は、〈白〉となり、2階などはほとんどが〈白の空間〉です。でも、それが均質な〈白〉かというと、そうはなっていません。L壁はLの内側と外側で場的な特性が異なります。そのL壁がたくさん配された時にも、L壁相互の間の場所には、各々に異なった場的特性が生じます。それらの場的特性によって、〈小さな矢印の群〉によって現象する場には、天気図の気圧の分布のように、その都度の偏りが生じます。天気図の気圧の分布が地形と地球の自転からくる偏西風によって生じているのとアナロガスに考えれば、〈黒〉の配置や〈白〉の中のL壁を始めとする建築的な設えが地形ということになります。風や音といった天気図そのもののような環境的ファクターだけではなく、それらのファクターと相互に応答しながらアクティビティの分布にも偏りが生じることになります。そうした天気図で表記されるような偏りを〈白の濃淡〉と呼んでいます。〈黒〉と〈白〉の間にあって曖昧なグレーとは異なる、〈真っ白〉のなかに生じる現象なのです。

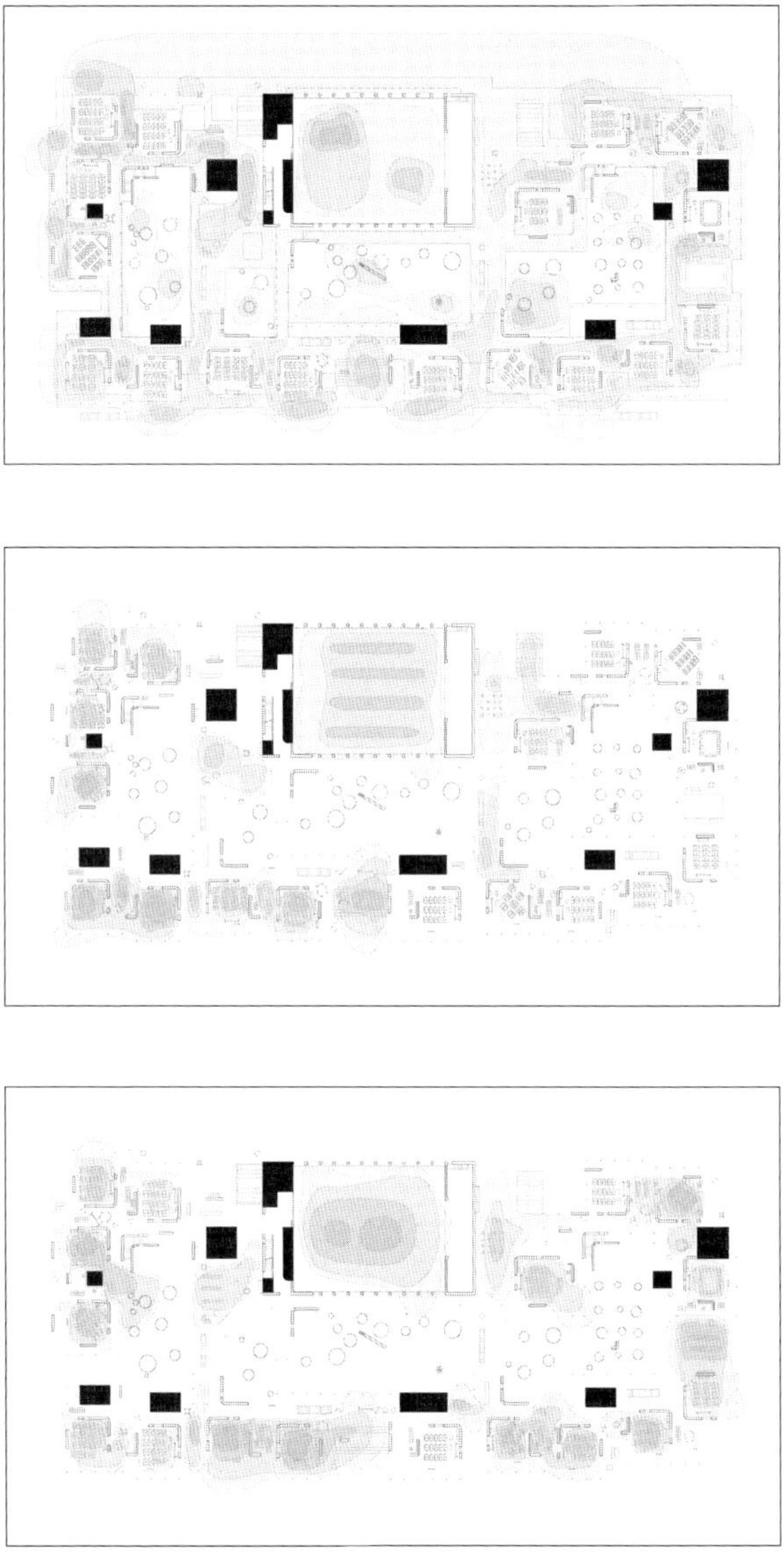

図7-1　宇土小学校 白の濃淡（アクティビティ分布の移ろい）

図は、いくつかの時間のアクティビティの分布を記述したものです（図7－1）。クラスの授業は、基本はL壁の内側で一斉授業として行われていますが、いつもいくつかのクラスでは、2クラスが3つのグループにわかれてL壁の間の小さなスペースにも展開するなどの変動が見て取れます。それが、1日の中でも刻々と変わっていきます。日当りや風通しといったファクターも子供たちの居場所に影響を与えます。こうした変動をある時間の区切り（例えば1年間）で平均値をとって、あるいはオーバーレイして記述した結果が〈白の濃淡〉となるわけです。こうしたことは、目的的に閉じた空間を設計した〈黒〉や、曖昧な「グレー」ではなく、晴れた日の雑木林の中にいるように〈小さな矢印〉が自在にイキイキと行き交い、人のアクティビティが伸びやかにその「矢印の場（ベクターフィールド）」に応答し得る時に初めて可能となるのです。

『百年の孤独』（新潮社、1972年）を書いたガルシア＝マルケスという小説家がいます。『百年の孤独』の中では、百年という時間がオーバーレイしていく中に、場所が、人の記憶、あるいは時に妄想を介して立ち上がってきます。マルケスの場合は、他の短編にも、その時空間が飛び火しますから、どこまでも連続的できりがない。その、今かもしれず、百年前かもしれない時間の連続の中に、その都度の人が登場して物語あるいはその断片を紡ぎます。

建築や都市の環境は、そのように人の登場を待ち受けていたいものです。

あとがき

建築家が書き下ろしの本を書くということの意味を本当に深いところで考えさせられました。それがこの単行本を書くに当たっての一番難しいことでした。どうしても自分自身で体験したことに引き寄せてしか語れない。そんな一回性の体験にどれほどの意味が見いだせるのだろうか？と考えると同時に、とんでもない一回性の体験を続けているなあ、だったら書いてしまってもいいんじゃないかなどとも開き直ってここまで書き続けてきました。

建築家をやっているというのは、常に現在進行形ということでもあります。この本には出てこないプロジェクトも、追っかけてきます。石巻・鮎川浜の支援も新しいフェーズに入りつつあります。始まったばかりの釜石・鵜住居では、被災地に対して建築がどう復興を与える力をもつかが問われています。長野県木島平村、そしてアフリカでも未だ見ぬ世界でも。原稿を脱稿しないことには書く内容がどんどん増えてきてしまいます。建築家はその都度の現場で思考を鍛えられますから、思考そのものも変化し続けます。この本は、そんな中での現時点での区切りとなるものです。

建築家としてプロジェクトに取り組んだことで得られた体験は、20代大学院時代の「シーラカンス」の創設以降、組織形態を「C+A」「CAt」と変化させてきた期間の多くのパートナーとスタッフに支えられてのものです。特に、「CAt」のビジネスパートナーである赤松佳珠子さんと「CAn」の伊藤恭行さん、宇野享さんには感謝します。最近の（ということはこの本に取り上げた）多くのプロジェクトは赤松さんとの共同の仕事です。

私は大学で教え続けています。東京大学で助手として2年半、少し間を置いて東京理科大学で17年、横浜国立大学大学院建築都市スクールY-GSAで3年になろうとしています。そのいずれの場所でも学生たちには良かれと思って自分自身がその時々にリアルに感じている問題をぶつけてきたつもりです。この本にも書いた〈アクティビティ〉〈黒／白〉〈スペースブロック〉〈1㎞角の都市の部分〉といった思考はすべて東京理科大学の研究室でのトライ・アンド・エラーで鍛えられたものです。助教として研究室の仕事を支えてくれたのは、佐貫大輔さんと坂下加代子さんです。ベトナムのプロジェクトを仕切ってくれていた佐貫さんは現在ホーチミン・シティで自身の設計事務所を構えて活動しています。Y‐GSAに移ったのがちょうど東日本大震災と相前後した時期だったから、今の場所では、スタジオでの教育以外にインディペンデント・スタジオというかたちで、ずっと被災地に付き合っています。被災地支援は、建築設計事務所ではなかなか継続できない。大学院というマンパワーが無償で供出できる場所がないと現実には厳しい。Y‐GSAは研究室制度から離脱しているので、継続的な活動を行うには難しい面もあるのですが、Y‐GSAという場所はその都度制度を設計し直せるフレキシビリティもある。それは校長の北山恒さんのすごいところ。被災地への支援活動はそんな中での暗中模索でもあります。Y‐GSA設計助手の大西麻貴さん（元）、萬代基介さん、平井政俊さん、横浜国立大学地域実践教育研究センター准教授の志村真紀さんや多くの学生たちに支えられて継続しています。

書き下ろしの単行本をまとめるというのは、思った以上に大変な作業でした。「C+A」PRスタッフの長谷川佳代さんには原稿の加筆修正から図版を探し出すところまで膨大な作業に付き合ってもらいました。

TOTO出版編集長の遠藤信行さんの企画とオファーがなければこの本は

生まれませんでした。チャンスをいただきながら他のことにかまけている私を、我慢し励ましながらよくこんなに長い間待っていただきました。最後になりますが、名前をここに上げきれない、本文中に登場した方、登場しなかった方、多くの方たちとの共同や助力がなければこの本が無事完成することはありませんでした。紙面を借りて感謝いたします。

２０１３年９月

クレジット一覧

●設計

スペースブロック・ハノイモデル：小嶋一浩　東京理科大学小嶋研究室　東京大学曲淵研究室
MOOM：東京理科大学小嶋研究室　佐藤淳構造設計事務所　太陽工業
University of Central Asia: マスタープラン　磯崎新＋i-net
Ho Chi Minh City University of Architecture: 東京理科大学小嶋研究室　佐貫大輔　Vo Trong Nghia
Liberal Arts & Science College, Education City: マスタープラン　磯崎新＋i-net
中里村図書館ファーストステージ：東京理科大学小嶋研究室
Al Ghurair Bawadi Development: SANAA　CAt　アトリエ・ワン　石上純也建築設計事務所
E-JUST（日本エジプト科学技術大学コンペ）：原 広司＋アトリエ・ファイ建築研究所　CAt
＊特記なきものはCAt

●写真・図版提供

アーバン・アーツ　15ページ　図1-2
新建築社写真部　48ページ　図2-9、158ページ　図6-4
淺川 敏　16ページ　図1-3左上、左下
大橋富夫　19ページ　図1-7、1-8
東京大学生産技術研究所加藤研究室＋慶應義塾大学村上研究室　19ページ　図1-9
伊東豊雄建築設計事務所　22ページ　図1-11
上田 宏　24ページ　図1-12
佐藤淳構造設計事務所　24ページ　図1-13
東京理科大学小嶋研究室　25ページ　図1-15、43ページ　図2-6、54ページ　図3-2　79ページ　図3-19

堀田貞雄　26ページ　図1-16左上、右下、161ページ　図6-6、6-7、169ページ　図6-12、6-13、172、173ページ　図6-16
平井広行　41ページ　図2-3、56ページ　図3-3、59ページ　図3-5、79ページ　図3-18
Raul Garcez / Acervo da Biblioteca da FAU-USP　75ページ　図3-15
小林浩志　97ページ　図4-9、165ページ　図6-9
Y-GSA　107ページ　図4-14、109ページ　図4-15、図4-16
Y-GSA＋アーキエイド半島支援勉強会観光WG　113ページ　図4-17
Google Earth　131ページ　図5-5
SANAA＋CAt＋アトリエ・ワン＋石上純也建築設計事務所　134ページ　図5-7
原 広司＋アトリエ・ファイ建築研究所、CAt　149ページ　図6-1
原 広司　150、151ページ　図6-2
＊特記なきものはCAt

●編集協力
南風舎

小嶋一浩（こじま・かずひろ）
１９５８年、大阪生まれ。京都大学工学部建築学科卒業、東京大学大学院修士課程を経て、同大学博士課程在籍中の１９８６年にシーラカンス（１９９８年シーラカンスアンドアソシエイツ、２００５年よりＣＡｔに改組）を共同設立、パートナーとして国内外で数多くのプロジェクトを実現している。東京大学助手を経て、１９９４年〜２００４年東京理科大学助教授、〜２０１１年教授ののち、２０１１年より横浜国立大学大学院／建築都市スクール Ｙ－ＧＳＡ教授。
主な受賞に、１９９７年日本建築学会賞（作品部門）「千葉市立打瀬小学校」、２００３年日本建築学会作品選奨「宮城県迫桜高校」・２００４年「ビッグハート出雲」・２００９年「千葉市立美浜打瀬小学校」など、２００２年ＡＲＣＡＳＩＡ建築賞ゴールドメダル「スペースブロック上新庄」、２００７年日本建築家協会賞「ぐんま国際アカデミー」、２００９年Global Holcim Awards Silver「Ho Chi Minh City University of Architecture」、２０１３年村野藤吾賞、２０１１年ＡＡＣＡ（日本建築美術工芸協会）賞「宇土市立宇土小学校」など多数。
主な著書に『CULTIVATE』（共著、ＴＯＴＯ出版、２００７）、『空間練習帳』（共著、彰国社、２０１１）など。

ＴＯＴＯ建築叢書 4

小さな矢印の群れ
「ミース・モデル」を超えて

２０１３年11月20日　初版第１刷発行

著　者　小嶋一浩
発行者　大出 大
発行所　ＴＯＴＯ出版（ＴＯＴＯ株式会社）
〒１０７-００６２ 東京都港区南青山１-24-３ ＴＯＴＯ乃木坂ビル２F
［営業］ＴＥＬ．０３-３４０２-７１３８　ＦＡＸ．０３-３４０２-７１８７
［編集］ＴＥＬ．０３-３４９７-１０１０
URL: http://www.toto.co.jp/publishing/
印刷・製本　図書印刷株式会社

Printed in Japan
ISBN978-4-88706-339-6